Les financières de l'immobilier locatif

SCPI, OPCI (SPPICAV et FPI) et SIIC

Collection « L'esprit économique »

fondée par Sophie Boutillier et Dimitri Uzunidis en 1996
dirigée par Sophie Boutillier, Blandine Laperche, Dimitri Uzunidis

Si l'apparence des choses se confondait avec leur réalité, toute réflexion, toute Science, toute recherche serait superflue. La collection « L'esprit économique » soulève le débat, textes et images à l'appui, sur la face cachée économique des faits sociaux : rapports de pouvoir, de production et d'échange, innovations organisationnelles, technologiques et financières, espaces globaux et microéconomiques de valorisation et de profit, pensées critiques et novatrices sur le monde en mouvement...
Ces ouvrages s'adressent aux étudiants, aux enseignants, aux chercheurs en sciences économiques, politiques, sociales, juridiques et de gestion, ainsi qu'aux experts d'entreprise et d'administration des institutions.

La collection est divisée en six séries :

Dans la série *Economie et Innovation* sont publiés des ouvrages d'économie industrielle, financière et du travail et de sociologie économique qui mettent l'accent sur les transformations économiques et sociales suite à l'introduction de nouvelles techniques et méthodes de production. L'innovation se confond avec la nouveauté marchande et touche le cœur même des rapports sociaux et de leurs représentations institutionnelles.

La série *Economie formelle* a pour objectif de promouvoir l'analyse des faits économiques contemporains en s'appuyant sur les approches critiques de l'économie telle qu'elle est enseignée et normalisée mondialement. Elle comprend des livres qui s'interrogent sur les choix des acteurs économiques dans une perspective macroéconomique, historique et prospective.

Dans la série *Le Monde en Question* sont publiés des ouvrages d'économie politique traitant des problèmes internationaux. Les économies nationales, le développement, les espaces élargis, ainsi que l'étude des ressorts fondamentaux de l'économie mondiale sont les sujets de prédilection dans le choix des publications.

La série *Krisis* a été créée pour faciliter la lecture historique des problèmes économiques et sociaux d'aujourd'hui liés aux métamorphoses de l'organisation industrielle et du travail. Elle comprend la réédition d'ouvrages anciens, de compilations de textes autour des mêmes questions et des ouvrages d'histoire de la pensée et des faits économiques.

La série *Clichés* a été créée pour fixer les impressions du monde économique. Les ouvrages contiennent photos et texte pour faire ressortir les caractéristiques d'une situation donnée. Le premier thème directeur est : mémoire et actualité du travail et de l'industrie ; le second : histoire et impacts économiques et sociaux des innovations.

La série *Cours Principaux* comprend des ouvrages simples, fondamentaux et/ou spécialisés qui s'adressent aux étudiants en licence et en master en économie, sociologie, droit, et gestion. Son principe de base est l'application du vieil adage chinois : « le plus long voyage commence par le premier pas ».

Jean-Noël Cottier

Les financières de l'immobilier locatif

SCPI, OPCI (SPPICAV et FPI) et SIIC

L'Harmattan

Du même auteur

L'investissement en immobilier d'entreprise – Un métier – Revenus locatifs directs et produits de placement, L'Harmattan, coll. « Villes et entreprises », 2022

Analyse financière – Guide de lecture des comptes annuels, L'Harmattan, coll. « Dynamiques d'Entreprises », 2023

5-7, rue de l'École-Polytechnique ; 75005 Paris

http://www.editions-harmattan.fr/

ISBN : 978-2-336-57110-2
EAN : 9782336571102

À Paul, Alix et Roman
et leurs parents

INTRODUCTION

Lors de la composition de son portefeuille, l'investisseur sélectionne les actifs prioritairement sur la base de leurs caractéristiques individuelles, leurs performances passées et leur espérance de rendement futur ; néanmoins, de façon à réduire son risque global, il doit aussi tenir compte de la plus ou moins grande volatilité de chaque actif et du sens dans lequel celui-ci évolue, à la hausse ou à la baisse, dans des circonstances déterminées. Lorsque l'environnement économique se modifie, certaines classes d'actifs, précédemment orientées à la hausse, voient leur valeur diminuer, tandis que d'autres qui stagnaient, généralement des actifs considérés comme sûrs, mais moins rentables, profitent du report du choix des investisseurs. À cet égard, l'immobilier représente un élément important de diversification du patrimoine.

Dans ce domaine, l'investisseur peut agir d'une façon totalement autonome, en constituant un patrimoine immobilier locatif composé de biens immobiliers physiques lui appartenant en propre. Il peut aussi acquérir les produits que lui propose « la pierre papier », c'est-à-dire des parts ou actions d'entités spécialisées dans la détention directe ou indirecte d'immeubles.

Parmi les entités de la pierre papier, les foncières, auxquelles cet ouvrage est consacré, constituées des SCPI, des OPCI et des SIIC, détiennent directement des immeubles dans le but de les donner en location ; ces entités exercent donc l'activité de bailleurs professionnels.

La détention de titres de foncières est souvent présentée comme la possibilité d'investir dans l'immobilier locatif sans acquérir soi-même un bien immobilier physique et en étant dégagé de tout souci de gestion. Cette forme d'investissement serait donc à la fois plus abordable financièrement et moins risquée. Néanmoins, comme pour tout investissement, l'opportunité d'acquérir des titres de foncières s'apprécie au regard de deux critères : d'une part le montant des revenus procurés par les parts ou actions pendant leur durée de détention et d'autre part la perspective de plus-values lors de leur revente. Au regard des turbulences du marché, il convient de rappeler que les distributions supposent la réalisation effective de bénéfices et que, lors de la revente des titres, le capital investi n'est garanti dans aucune foncière.

Les foncières bénéficient d'une réglementation qui favorise leur attractivité. D'une part, elles ne sont pas soumises à l'impôt sur les sociétés, d'autre part elles sont tenues réglementairement, ou pour ne pas pénaliser leurs associés dans le cas des SCPI de rendement, de distribuer la plus grande partie de leurs bénéfices. L'imposition est reportée sur les associés.

Cet ouvrage analyse le fonctionnement des foncières sur le plan réglementaire, en s'intéressant plus particulièrement aux mécanismes destinés à maximiser les sommes distribuées aux actionnaires, associés et porteurs de parts, ainsi qu'aux conséquences de ces obligations de distribution sur les entités elles-mêmes, notamment sur leur autofinancement. Il examine également le régime d'imposition des personnes physiques détenant des titres de ces entités en dehors du cadre professionnel.

Le premier chapitre présente le cadre général de l'investissement immobilier locatif, dans lequel s'insère l'acquisition de titres de foncières.

Les deux chapitres suivants sont consacrés à la SCPI ; tout d'abord son organisation juridique et ses parts sociales (chapitre 2), puis la composition de son patrimoine et ses comptes annuels (chapitre 3).

Les OPCI grand public (SPPICAV et FPI) font l'objet de trois chapitres : en premier lieu leurs caractéristiques générales (chapitre 4), puis la composition du patrimoine, les comptes annuels et les obligations de distribution des SPPICAV (chapitre 5) et des FPI (chapitre 6).

Les SIIC sont étudiées au chapitre 7 (historique de la réglementation, organisation juridique et régime de leurs actions) et au chapitre 8 (comptes annuels, périmètre de l'exonération d'IS et obligations de distribution).

Lorsqu'elles sont à la tête d'un groupe de sociétés, les SPPICAV et les SIIC sont tenues, sauf dérogation, d'établir des comptes consolidés. Le chapitre 9 est consacré au champ d'application des comptes consolidés et aux référentiels applicables. Le chapitre 10 présente les états financiers consolidés.

Les règles d'imposition des personnes physiques détentrices de titres de foncières figurent au chapitre 11. Cette information est complétée au chapitre 12 pour les SCPI, celles-ci se répartissant en plusieurs catégories : SCPI de droit commun (SCPI de rendement, « de déficit foncier », de plus-values) et SCPI dites « fiscales » relevant de régimes fiscaux spécifiques.

CHAPITRE 1er
L'INVESTISSEMENT IMMOBILIER LOCATIF

L'acquisition de titres de foncières constitue l'une des formes de l'investissement immobilier locatif. Nous étudions, dans un premier temps, la contribution de l'immobilier à la diversification du patrimoine (section 1). Nous verrons ensuite les conditions dans lesquelles l'investisseur peut constituer un patrimoine immobilier locatif totalement autonome (section 2) et les différents régimes d'imposition qui lui sont alors applicables (section 3). En complément ou à titre alternatif, il peut aussi acquérir les produits que lui propose la pierre papier : parts et actions de foncières (SCPI, OPCI et SIIC) ou parts et actions d'OPCVM ou de fonds indiciels cotés (*Exchange Traded Funds* ETF également appelés « trackers ») (section 4). Les foncières exercent la même activité, celle de bailleur professionnel, qui les distingue des autres entités de la pierre papier (section 5). Cependant elles présentent entre elles une certaine hétérogénéité (section 6). Suivant l'usage auquel le local est destiné, les baux obéissent à des réglementations distinctes (section 7). La rentabilité de l'investissement se mesure au moyen de divers outils (section 8).

SECTION 1 - La contribution de l'immobilier à la diversification du portefeuille

Au regard des paramètres de rentabilité et de risque, l'immobilier se situe à un niveau intermédiaire. Cette classe d'actif procure un rendement moyen, avec un risque de non-réalisation, donc de perte, modéré. La clause d'indexation, qui permet de réévaluer périodiquement le loyer, atténue chez le bailleur la perte de pouvoir d'achat résultant de l'inflation. L'immobilier ne peut pas disparaître, en dehors d'événements exceptionnels, généralement assurables. En revanche, sa valeur peut diminuer et son maintien en bon état ainsi que son adaptation aux besoins du marché sont sources de dépenses. En outre, en dehors de l'immobilier indirect coté (les actions de SIIC), il présente le défaut d'être peu liquide. La revente des biens immobiliers physiques, de même que celle de parts ou actions d'entités immobilières non cotées, s'effectuent selon des processus longs. Enfin, compte tenu de la nature cyclique des marchés, il peut se révéler préférable, quel que soit l'actif détenu - bien immobilier, parts ou actions - d'attendre des conditions plus favorables avant d'envisager une revente.

Il n'existe pas de règle absolue concernant la composition d'un portefeuille d'investissement. Celle-ci dépend du profil de l'investisseur. Ce dernier doit conserver une épargne de précaution, les sommes investies étant généralement indisponibles sur une période plus ou moins longue. Ceci précisé, un portefeuille « équilibré » peut comprendre entre 15 % et 25 % d'immobilier locatif, qu'il s'agisse d'immobilier physique ou de parts ou actions d'entités de la pierre papier.

SECTION 2 – La constitution d'un patrimoine immobilier locatif autonome

L'investisseur fait construire le bien immobilier qu'il destine à la location (sous-section 1) ou acquiert un bien existant (sous-section 2).

Sous-section 1 - La construction d'un immeuble dédié

Plusieurs scénarios sont envisageables. Nous examinons le contrat de construction de maison individuelle (CCMI), la vente en l'état futur d'achèvement (VÉFA), la vente à terme d'immeuble à construire et le contrat de promotion immobilière. Le particulier peut aussi décider de gérer seul la construction, en concluant en son nom les contrats de louage d'ouvrage avec les professionnels.

Le contrat de construction de maison individuelle : lorsque le particulier, propriétaire d'un terrain, fait appel à un constructeur pour l'édification sur ce terrain d'un immeuble à usage d'habitation ou à usage mixte professionnel et d'habitation (ce type d'immeuble définissant le « secteur protégé ») ne comportant pas plus de deux logements, la construction est soumise aux dispositions du contrat de construction de maison individuelle (CCMI) régi par le Code de la construction et de l'habitation (CCH). Les parties concluent un CCMI avec fourniture de plan (articles L231-1 à L231-13 du CCH) ou un CCMI sans fourniture de plan (articles L232-1 et L232-2 du même code).

Note : l'usage professionnel recouvre l'activité de profession libérale non commerçante, non industrielle, non artisanale.

La vente en l'état futur d'achèvement : dans les autres cas, notamment lorsque le particulier n'est pas le propriétaire du terrain, il conclut avec le constructeur une vente en l'état futur d'achèvement (VÉFA) dans laquelle « le vendeur transfère immédiatement à l'acquéreur ses droits sur le sol ainsi que [dans l'hypothèse où l'immeuble est déjà en cours de construction] la propriété des constructions existantes ». « Les ouvrages à venir deviennent la propriété de l'acquéreur au fur et à mesure de leur exécution » ; celui-ci est tenu d'en payer le prix aux différentes étapes d'avancement des travaux (article 1601-3 du Code civil). Dans le secteur protégé, le CCH édicte des règles supplémentaires par rapport à celles du Code civil en faveur de l'acquéreur, notamment les limites que les paiements ne peuvent dépasser à chaque stade (article R261-14 du CCH).

La VÉFA est presque toujours précédée d'un contrat préliminaire (« le contrat de réservation ») par lequel le vendeur réserve à l'acquéreur un appartement déterminé dans le programme de construction, en contrepartie du versement par ce dernier d'un dépôt de garantie. Cette somme est portée sur un compte spécial ouvert au nom de l'acquéreur dans une banque ou chez un notaire. Aucune autre somme ne peut lui être demandée avant la signature du contrat de VÉFA. Lorsque celui-ci est signé, le dépôt de garantie s'impute sur le prix de vente. Dans l'hypothèse où la vente n'a pas lieu du fait du vendeur, par exemple, en cas de non-réalisation du programme, ou si le contrat préliminaire contenait une condition suspensive contractuelle d'obtention d'un prêt en faveur de l'acquéreur (il n'y a pas de clause suspensive légale à ce stade) et que ce dernier n'a pas obtenu son prêt, le dépôt de garantie est restitué à l'acquéreur.

La vente à terme d'immeuble à construire : dans cette forme de vente, selon l'article 1601-2 du Code civil, le vendeur ne peut recevoir de paiement avant que l'immeuble ne soit achevé. Elle n'est donc pas utilisée en pratique.

Le contrat de promotion immobilière : dans ce type de convention, régie par les articles 1831-1 et suivants du Code civil, le promoteur s'engage à faire construire l'immeuble, pour un prix convenu, au moyen de contrats conclus au nom du particulier avec les différents corps de métier. Le promoteur est garant de l'exécution des obligations mises à la charge des intervenants. Lorsqu'il est conclu dans le secteur protégé, le contrat doit en outre respecter les dispositions du CCH, prévoyant notamment un échelonnement du paiement du prix en fonction de l'état d'avancement des travaux (article R222-7) et définissant les modalités de la garantie que doit fournir le promoteur pour assurer la bonne exécution de son obligation de prendre à sa charge les sommes excédant le prix convenu (article R222-9).

La conclusion de contrats de louage d'ouvrage (également appelés « contrats d'entreprise ») : le particulier peut choisir de gérer seul la construction du futur immeuble locatif, en concluant en son nom avec chaque corps de métier (maçons, menuisiers, plombiers, etc.) l'ensemble des contrats nécessaires ; en cas de besoin, il fait appel à un professionnel, tel qu'un architecte ou un bureau d'études, qui assure la coordination des travaux dans le cadre d'un contrat de maîtrise d'œuvre. Le projet architectural faisant l'objet de la demande de permis de construire doit être établi par un architecte dès lors que la surface de plancher est supérieure à 150 m^2 (article L111-2 du CCH et article 4 de la loi n°77-2 du 3 janvier 1977).

Sous-section 2 - L'acquisition d'un immeuble bâti

Nous présentons tout d'abord le cadre général de l'achat d'un immeuble bâti, puis les dispositions particulières de la vente d'immeuble à rénover (VIR).

Cadre général : l'acquisition s'effectue souvent en deux temps : tout d'abord la signature d'un avant-contrat (promesse de vente ou compromis) puis signature de la vente chez le notaire. Le vendeur doit rassembler différents états, constats ou diagnostics techniques dans un dossier, annexé à l'avant-contrat ou, en son absence, à l'acte authentique de vente (article L271-4 du CCH). L'avant-contrat contient les conditions suspensives, notamment la condition suspensive légale d'obtention du prêt, prévue en faveur des acquéreurs personnes physiques recourant au crédit pour financer l'achat d'un immeuble à usage d'habitation ou à usage mixte professionnel et d'habitation (article L313-41 du Code de la consommation). Après la signature de l'avant-contrat, l'acquéreur et le notaire accomplissent, chacun, les démarches et les formalités qui leur incombent en vue de la signature de l'acte définitif.

La vente d'immeuble à rénover (VIR) : celle-ci est régie par les articles L262-1 et suivants du CCH qui s'appliquent à la vente d'un bien immobilier à usage d'habitation ou à usage mixte professionnel et d'habitation, dans laquelle le vendeur s'engage à réaliser, directement ou indirectement, dans un délai déterminé, sur le bien vendu des travaux, autres que des travaux d'agrandissement ou de restructuration complète assimilables à une reconstruction, et reçoit des paiements de l'acquéreur avant leur livraison. L'article R262-10 du CCH prévoit un échelonnement des paiements en fonction de l'avancement des travaux. Le prix de l'existant est payé à la signature du contrat. Un architecte indépendant doit intervenir :

– lors de la conclusion du contrat pour attester la répartition du prix de vente entre l'existant et les travaux ;

– en cours d'exécution du contrat, pour constater que le coût des travaux achevés représente la moitié du prix total des travaux, ce qui autorise le vendeur à demander à l'acquéreur de compléter ses paiements jusqu'à 50 % du prix des travaux ;

– lorsque l'ensemble des travaux prévus au contrat sont exécutés, pour certifier l'achèvement des travaux.

Les paiements peuvent atteindre 95 % du prix des travaux lors de leur achèvement. Le solde, payable à leur livraison, peut toutefois être consigné en cas de défaut de conformité ou de vices apparents mentionnés sur le procès-verbal de livraison.

Du fait de sa complexité et du coût de l'intervention d'un architecte indépendant, ce contrat est réservé aux travaux d'une certaine importance.

Lorsque le contrat de VIR est précédé d'une promesse de vente, celle-ci doit contenir l'ensemble des mentions prescrites par le CCH. Il semble qu'à ce stade, le vendeur n'ait pas la possibilité de percevoir de paiement.

SECTION 3 – Le statut fiscal du bailleur individuel

Les règles d'imposition sont différentes selon que le bien est loué nu (sous-section 1) ou meublé (sous-section 2). Un régime d'imposition spécifique s'applique aux revenus provenant de parts sociales détenues dans une société civile immobilière (SCI) soumise à l'impôt sur les sociétés (IS) (sous-section 3). Les plus-values de cession de biens immobiliers ou de parts de SCI obéissent à plusieurs régimes différents (sous-section 4).

Sous-section 1 - Revenus de la location nue

Les revenus que retire une personne physique de la location de locaux nus sont déterminés selon les règles des revenus fonciers, sous le régime réel d'imposition ou le micro-foncier, et soumis au barème progressif de l'impôt sur le revenu.

Dans le régime micro-foncier, applicable lorsque les recettes tirées de la location nue n'excèdent pas 15 000 euros et proviennent au moins partiellement de la location en direct d'un bien appartenant au contribuable hors dispositifs fiscaux spécifiques, les charges sont fixées forfaitairement à 30 % des loyers bruts ; l'imposition porte sur 70 % du montant des loyers. Le contribuable qui relève du micro-foncier peut opter pour le régime réel.

Le contribuable soumis au régime réel peut déduire de son revenu imposable les charges qu'il a effectivement acquittées au cours de l'année d'imposition, à l'exclusion des dépenses expressément exclues par l'article 31 du Code général des impôts (CGI), notamment les dépenses de construction, reconstruction et agrandissement. L'amortissement, c'est-à-dire la déduction chaque année d'une fraction du prix de revient du bien loué jusqu'à l'épuisement de ce prix, n'est pas autorisé.

Lorsque l'immeuble donné en location nue est la propriété d'une SCI, les résultats sont déterminés au niveau de la société, mais celle-ci n'est pas imposable ; l'imposition a lieu au niveau des associés ; en application de l'article 8 du CGI, chaque associé est personnellement soumis à l'impôt pour sa part de bénéfices sociaux, que ces bénéfices aient été ou non distribués. L'associé personne physique est imposé dans la catégorie des revenus fonciers.

Des dispositifs fiscaux particuliers (« Denormandie ancien », « Malraux » et « Loc'Avantages ») permettent aux bailleurs de bénéficier de réductions d'impôt en contrepartie de l'engagement de louer les locaux dans le cadre de locations nues respectant certains critères et consenties pour des périodes de longue durée.

Sous-section 2 - Revenus de la location meublée

Appartiennent à la catégorie des bénéfices industriels et commerciaux (BIC) les bénéfices que retire une personne physique :

– de la location d'un établissement commercial ou industriel muni du mobilier ou du matériel nécessaire à son exploitation (article 35, I, 5° du CGI) ;

– ou de la location directe ou indirecte de locaux d'habitation meublés (article 35, I, 5° bis du CGI).

Ces bénéfices sont déterminés sous le régime réel d'imposition ou le micro-BIC et soumis au barème progressif de l'impôt sur le revenu.

Le champ d'application du micro-BIC est défini à l'article 50-0 du CGI. Dans les activités de location meublée, à l'exception des meublés de tourisme non classés, le revenu imposable est égal au montant des loyers bruts diminués d'un abattement de 50 %.

Dans le régime réel des BIC, les contribuables déduisent les charges définies à l'article 39 du CGI, parmi lesquelles figure l'amortissement des biens donnés en location : local et mobilier. Lorsque le bailleur est une personne physique, l'amortissement régulièrement comptabilisé n'est déductible au titre d'une année que dans la limite de la différence entre le montant du loyer acquis et le montant des charges autres que les amortissements (article 39 C, II, 2 du CGI). En d'autres termes, ces derniers ne peuvent pas créer de déficit. Le surplus d'amortissements régulièrement comptabilisés, mais non déductibles au titre d'un exercice, est reportable sur les exercices suivants tout en restant soumis à la même limite de déductibilité.

Dans le domaine de la location meublée non professionnelle (LMNP), il existe un dispositif spécifique de réduction d'impôt sur le revenu dénommé « Censi-Bouvard » (article 199 sexvicies du CGI). Il n'est toutefois plus possible d'adhérer à ce dispositif pour de nouveaux locaux depuis le 1er janvier 2023.

Sous-section 3 – Dividendes reçus de SCI soumises à l'IS

Les SCI peuvent être assujetties à l'IS :
– soit de manière volontaire lorsqu'elles exercent une option pour l'IS (article 206, paragraphe 3 du CGI) ;
– soit de manière obligatoire lorsqu'elles exercent une activité présentant un caractère industriel ou commercial au sens fiscal, ce qui est le cas de l'activité de loueur en meublé.

L'IS est établi dans les mêmes conditions que l'impôt sur le revenu dans la catégorie des BIC d'après le régime réel (article 221, paragraphe 1 du CGI). Le régime micro-BIC n'est pas applicable aux sociétés soumises à l'IS.

Les charges sont déduites pour leur montant réel. La SCI amortit les biens donnés en location.

Les associés personnes physiques sont imposés, au titre des dividendes qui leur sont versés, dans la catégorie des revenus de capitaux mobiliers. Pour tenir compte du fait que les dividendes proviennent de bénéfices déjà imposés au niveau de la société, un abattement de 40 % est pratiqué sur leur montant lorsque le contribuable opte pour l'application du barème progressif de l'impôt sur le revenu (article 158, 2° du CGI). Cet abattement n'est pas applicable lorsque les dividendes sont soumis au prélèvement forfaitaire unique (PFU) de 12,8 % ou *flat tax*.

Note : cette situation ne correspond pas à celle des entités de la pierre papier puisqu'aucune d'entre elles n'est assujettie à l'IS, hormis les SIIC pour leurs activités accessoires.

Sous-section 4 - Les plus-values

La plus-value correspond au gain net retiré par un contribuable de la vente d'un bien lui appartenant. La plus-value imposable est constituée par la différence entre le prix de cession et le prix d'acquisition du bien, sous réserve des divers ajustements prévus par le Code général des impôts.

La plus-value, retirée de la cession d'un bien immobilier ayant fait l'objet d'une location nue ou meublée, est imposée sous le régime des plus-values immobilières des particuliers (article 150 U et suivants du CGI). Lorsque le bien a été loué en meublé, le prix d'acquisition servant de base au calcul de la plus-value doit, sauf exceptions, être minoré du montant des amortissements pratiqués (article 150 VB, III du CGI), ce qui augmente la base imposable.

Les plus-values réalisées lors de la revente de parts d'une SCI donnant ses locaux en location nue relèvent également du régime des plus-values immobilières des particuliers (article 150 UB du CGI). En revanche, les plus-values réalisées lors de la revente de parts d'une SCI soumise à l'IS (exerçant, par exemple, l'activité de loueur en meublé) relèvent du régime des plus-values de cession de valeurs mobilières et droits sociaux, prévu aux articles 150-0 A et suivants du CGI (Bulletin Officiel des Finances Publiques – Impôt, BOFIP, 2016a).

Ces notions sont développées au chapitre 11 consacré aux modalités d'imposition des personnes physiques détentrices de titres de foncières.

SECTION 4 – Les différentes entités de la pierre papier

La pierre papier est un mode de détention indirect de l'immobilier. Au lieu de posséder des biens immobiliers physiques (maisons, appartements, immeubles de bureaux ou de commerce), l'investisseur détient des titres d'entités investies dans l'immobilier. Celles-ci se répartissent en deux groupes :

- D'une part, les foncières, auxquelles cet ouvrage est consacré, qui détiennent des biens immobiliers en vue de les donner en location à des tiers. Elles exercent donc l'activité de bailleur professionnel.
- D'autre part, les entités qui ne détiennent pas de biens immobiliers, mais un portefeuille d'actions ou de parts de sociétés ou organismes immobiliers.

Les foncières : cette appellation recouvre :

- les sociétés civiles de placement immobilier (SCPI) ;

– les organismes de placement collectif immobilier (OPCI) qui revêtent la forme de sociétés de placement à prépondérance immobilière à capital variable (SPPICAV) ou de fonds de placement immobilier (FPI) ;

– et les sociétés d'investissement immobilier cotées (SIIC).

Ces entités ne sont pas toutes des sociétés. Le FPI est une copropriété d'actifs immobiliers, d'instruments financiers et autres actifs, non dotée de la personnalité morale. Il en résulte que, contrairement aux autres foncières, au sein desquelles il existe des assemblées d'associés ou d'actionnaires, le FPI ne comporte pas d'assemblée des porteurs de parts.

Les autres entités de la pierre papier : les organismes de placement collectif en valeurs mobilières (OPCVM) et les fonds indiciels cotés (*Exchange Traded Funds* ETF) constituent eux aussi une forme de pierre papier lorsqu'ils se spécialisent dans la détention de titres de sociétés immobilières ou ont pour objectif de répliquer un indice immobilier. Ces fonds sectoriels, qui n'ont pas d'activité opérationnelle, ne sont pas étudiés dans cet ouvrage.

SECTION 5 – L'activité des foncières

Les foncières exercent une activité similaire (sous-section 1) qui les distingue des autres entités de la pierre papier (sous-section 2).

Sous-section 1 – Une activité similaire

Les foncières exercent l'activité de bailleur d'immeubles donnés en location, non imposée à l'impôt sur les sociétés (IS). L'imposition est reportée sur les détenteurs de titres de ces entités : associés (SCPI), porteurs de parts (FPI) et actionnaires (SPPICAV et SIIC).

La similitude n'est cependant pas totale. Chaque entité présente ses particularités. En application de l'article 239 septies du Code général des impôts (CGI), les SCPI se situent en dehors du champ d'application de l'IS. Elles ne sont soumises à aucune obligation de distribution. Leurs associés sont personnellement imposés sur les résultats de la société, au prorata de leurs droits, même si les bénéfices ne sont pas effectivement distribués mais conservés dans la société (BOFIP, 2020b).

OPCI (SPPICAV et FPI) et SIIC sont soumises à des obligations de distribution de leurs résultats. Les SPPICAV sont exonérées d'IS sous réserve de respecter les obligations de distribution figurant à l'article

L214-69 du Code monétaire et financier (CMF). Les FPI, qui ne jouissent pas de la personnalité morale, se situent en dehors du champ d'application de l'IS. Ils sont toutefois soumis à des obligations de distribution de leurs résultats (article L214-81, CMF). Les SIIC sont exonérées d'IS dans le cadre de leur objet principal consistant en l'activité de bailleur d'immeubles, sous réserve de respecter les obligations de distribution figurant à l'article 208 C du CGI.

Ces obligations de distribution sont calculées sur la base des comptes annuels (encore appelés comptes sociaux, c'est-à-dire les comptes individuels de chaque entité) établis selon les règles françaises.

Les obligations de distribution des SPPICAV, FPI ou SIIC ne portent pas sur un pourcentage identique des résultats. Les actionnaires ou porteurs de parts ne sont imposés que sur les revenus qui leur sont effectivement versés.

Les SCPI ne peuvent exercer qu'une activité de bailleur d'immeubles. En revanche, cette activité n'est pas exclusive dans les OPCI, qui ont pour objet accessoire la gestion d'instruments financiers et de dépôts (dans la limite de 35 % de leurs actifs), et les SIIC autorisées à exercer des activités accessoires imposables à l'IS.

Sous-section 2 – Une activité qui distingue les foncières des autres entités de la pierre papier

En investissant dans l'achat d'actions ou de parts de foncières, l'investisseur acquiert des titres d'entités opérationnelles, détenant des immeubles et exerçant l'activité de bailleur professionnel.

Les foncières se distinguent ainsi des entités de la pierre papier n'ayant pas d'activité opérationnelle, comme les OPCVM immobiliers et les ETF immobiliers qui sont des fonds sectoriels.

Un OPCVM gère un portefeuille d'instruments financiers (actions, obligations) et de dépôts. Il émet ou rachète les actions ou les parts qu'il a émises à la valeur liquidative, calculée et publiée à fréquence régulière. Celle-ci s'obtient en divisant l'actif net de l'entité (la valeur de son portefeuille diminuée de ses passifs) par le nombre de parts ou actions. Les OPCVM prennent la forme de SICAV (sociétés d'investissement à capital variable) ou de fonds communs de placement. Lorsque la SICAV est une société anonyme, ses actions peuvent être cotées.

Les ETF immobiliers ont pour objectif de répliquer le plus fidèlement possible la performance d'un indice immobilier. En général, ils sont gérés « passivement » ; ils évoluent donc dans le même sens que l'indice suivi, à la hausse ou à la baisse. Les parts ou actions de ces organismes peuvent être achetées ou vendues en bourse en continu, comme les actions cotées.

Les ETF peuvent être à réplication physique ou synthétique. Dans le premier cas, l'ETF détient l'ensemble des valeurs de l'indice de référence ou un échantillon de ces valeurs. Dans le second cas, les titres composant le portefeuille de l'ETF peuvent être sans rapport avec l'indice de référence ; la gestion de cet ETF est assurée au moyen d'un contrat d'échange de performance (*total return swap*) conclu avec une ou plusieurs banques contreparties : l'ETF verse à ses contreparties le rendement de son panier de titres sans rapport avec l'indice immobilier, ses contreparties lui versent le rendement de l'indice immobilier après déduction des frais liés au *swap*.

N'exerçant pas d'activité opérationnelle, les OPCVM immobiliers et les ETF immobiliers n'entrent pas dans le cadre de notre étude.

SECTION 6 – Des différences notables entre foncières

Les foncières se différencient au regard de six critères : la liquidité (sous-section 1), la composition de l'actif et du passif (sous-section 2), la possibilité d'arbitrer les actifs (sous-section 3), la détermination du résultat distribuable (sous-section 4), la valorisation des parts ou actions (sous-section 5) et les modalités d'imposition des personnes physiques détenant leurs titres (sous-section 6).

Sous-section 1 – La liquidité

Les parts sociales de SCPI, les actions de SPPICAV et les parts de FPI n'étant pas cotées en bourse, elles sont peu liquides. Pour faciliter le retrait (c'est-à-dire le rachat par l'organisme de ses propres titres), les OPCI doivent posséder 5 % d'actifs très liquides, comme les bons du Trésor ou les dépôts à vue. Cette règle n'existe pas dans les SCPI. En revanche, du fait de leur cotation, les actions de SIIC sont très liquides, du moins celles des grandes sociétés faisant l'objet de nombreux échanges journaliers en bourse.

Sous-section 2 - La composition de l'actif et du passif

Les SCPI et les OPCI possèdent un actif strictement réglementé, faisant l'objet de quotas ainsi que de règles de dispersion et de plafonnement des risques. Leurs possibilités de recourir à l'emprunt sont encadrées.

Les SIIC en revanche ne sont soumises à aucune limitation de cette nature. La seule restriction concerne leurs activités accessoires, imposables à l'IS, qu'elles ne peuvent exercer que dans la limite d'un certain pourcentage de leurs actifs. En règle générale, elles recourent de façon importante à l'emprunt.

Sous-section 3 - La possibilité d'arbitrer les actifs

Une SCPI ou un OPCI ne peuvent acquérir des immeubles exclusivement en vue de leur revente. Sauf exceptions, les SCPI ne peuvent céder que des immeubles dont elles sont propriétaires depuis au moins cinq ans et la valeur cumulée des immeubles cédés au cours d'un exercice de douze mois ne peut excéder 15 % de la valeur vénale du patrimoine immobilier de la société figurant au bilan du dernier exercice clos. De telles limitations n'existent pas dans les SIIC qui peuvent librement arbitrer leurs actifs.

Sous-section 4 – La détermination du résultat distribuable

Les SCPI (paragraphe a) et les OPCI (paragraphe b) bénéficient de règles comptables ayant un impact favorable sur leur résultat. Les SIIC ne bénéficient pas de telles règles (paragraphe c).

a) Les SCPI

Les SCPI appliquent le règlement de l'Autorité des Normes Comptables (ANC) n° 2016-03 du 15 avril 2016 (ANC, 2016) qui déroge sur certains points au plan comptable général (PCG). Conformément au PCG, elles comptabilisent leurs actifs au coût historique, leurs passifs à la valeur nominale de remboursement et les plus-values latentes (potentielles) ne sont pas comptabilisées. En revanche, contrairement au PCG, elles ne constatent dans leur compte de résultat aucune charge d'amortissement sur les immeubles locatifs dont elles sont propriétaires. En outre, ceux-ci ne peuvent faire l'objet d'une dépréciation (inscription à l'actif d'une moins-value potentielle) que dans le cas de destruction significative. La contrepartie de la dépréciation est portée directement dans un compte de réserves au passif ; elle réduit les capitaux propres, mais non le résultat.

b) Les OPCI

Les OPCI (SPPICAV et FPI) appliquent le règlement ANC n° 2020-07 du 4 décembre 2020 (ANC, 2020c) relatif aux comptes annuels des organismes de placement collectif à capital variable, sous réserve des adaptations figurant dans le règlement ANC n°2021-09 du 5 novembre 2021 (ANC, 2021). Ils comptabilisent leurs actifs et leurs passifs à la valeur actuelle. Ils ne constatent pas d'amortissements. Les plus ou moins-values latentes, résultant de la différence entre le coût historique et la valeur actuelle des actifs, sont portées directement au passif dans un compte de capital (« variation des différences d'estimation »). Elles n'ont pas d'impact sur le résultat.

c) Les SIIC

De leur côté, les SIIC appliquent le plan comptable général, résultant du règlement ANC n° 2014-03 du 5 juin 2014 modifié (ANC, 2014), sans bénéficier de règles particulières ayant un impact favorable sur le montant du résultat. Leurs actifs font l'objet d'amortissements et d'éventuelles dépréciations constatées au compte de résultat. Les plus-values latentes ne sont pas prises en compte. En revanche, en vertu du principe de prudence, les moins-values latentes sont comptabilisées.

Sous-section 5 – La valorisation des parts ou actions

Si les plus ou moins-values latentes n'ont pas d'impact sur le résultat des SCPI et des OPCI, en revanche elles influencent la valeur de leurs titres. Dans les SCPI, elles sont prises en compte dans la valeur estimée du patrimoine ou valeur de réalisation. Celle-ci sert de base au calcul de la valeur de reconstitution, utilisée pour déterminer le prix d'émission des parts sociales dans toutes les SCPI ainsi que le prix de retrait dans les SCPI à capital variable. Dans les OPCI, les plus ou moins-values latentes augmentent ou réduisent la valeur liquidative des actions ou des parts, qui constitue leur valeur de souscription ou de rachat.

Les actions de SIIC étant cotées, leur prix résulte du jeu de l'offre et de la demande sur le marché boursier.

Sous-section 6 – Les modalités d'imposition des personnes physiques détentrices de titres de foncières

Ainsi que nous l'avons mentionné précédemment, les foncières ont pour caractéristique commune de ne pas être assujetties à l'IS, à l'exception des SIIC pour leurs activités accessoires. L'imposition est reportée sur les détenteurs de titres. Nous verrons, dans le chapitre 11, que ceux-ci sont soumis à des règles d'imposition différentes suivant l'entité concernée, et dans le chapitre 12, qu'en ce qui concerne les

SCPI, il existe à côté du régime de droit commun des dispositifs fiscaux particuliers.

SECTION 7 – Les différentes réglementations applicables aux baux

Suivant l'usage auquel le local est destiné, les baux obéissent à des réglementations distinctes : baux d'habitation (sous-section 1), baux commerciaux (sous-section 2), baux exclusivement professionnels (sous-section 3), baux de droit commun (sous-section 4).

Le régime juridique applicable au contrat de bail, conclu entre le bailleur et son locataire, et le régime d'imposition des revenus tirés par le bailleur de la location sont deux notions indépendantes l'une de l'autre.

– Le régime juridique applicable au contrat de bail dépend de la nature de l'occupation des locaux par le locataire, par exemple, bail d'habitation régi par la loi n° 89-462 du 6 juillet 1989 pour un local constituant la résidence principale du locataire, bail commercial pour des locaux dans lesquels le locataire exerce une activité commerciale, industrielle ou artisanale.

– Le régime d'imposition des revenus tirés de la location dépend du statut du bailleur et de la nature de la location consentie. Le bailleur personne physique est imposé sous le régime des revenus fonciers pour une location nue, sous celui des BIC pour une location meublée. Les modalités d'imposition des personnes physiques détentrices de titres de foncières varient suivant l'entité émettrice des titres : SCPI, SPPICAV, FPI ou SIIC. Ce point fait l'objet des chapitres 11 et 12.

Sous-section 1 – La réglementation du bail d'habitation

Le logement donné en location doit satisfaire à des exigences d'habitabilité auxquelles s'ajoutent, lorsqu'il est loué sous le régime de la location meublée, des exigences d'équipement (paragraphe a). Le montant du loyer, dont la fixation est en principe libre, est en fait encadré dans de nombreuses circonstances (paragraphe b).

a) Les exigences d'habitabilité et d'équipement du logement

Le bien donné en location à usage d'habitation ou à usage mixte professionnel et d'habitation, constituant la résidence principale du locataire, doit répondre aux caractéristiques du logement décent définies par le décret n°2002-120 du 30 janvier 2002. Lorsqu'il est loué sous le régime de la location meublée, il doit en outre être équipé d'un mobilier en nombre et en qualité suffisants pour permettre au locataire d'y dormir, manger et vivre convenablement au regard des exigences de la vie courante (décret n°2015-981 du 31 juillet 2015).

b) La détermination du montant du loyer

Le loyer des logements est fixé librement (article 17, II de la loi n°89-462 du 6 juillet 1989). Par exception, à titre expérimental jusqu'au 23 novembre 2026, le loyer initial est plafonné dans les zones de tension locative (article 140 de la loi n°2018-1021 du 23 novembre 2018). Dans ces zones, il est en outre encadré à la relocation (article 18 de la loi n°89-462).

Lorsque le contrat le prévoit, le loyer est révisé annuellement en fonction de la variation de l'indice de référence des loyers (IRL), qui correspond à la moyenne sur les douze derniers mois de l'évolution des prix à la consommation hors tabac et hors loyers. La révision du loyer n'est cependant pas autorisée pour les logements de la classe F ou de la classe G, au sens de l'article L173-1-1 du CCH (logements les plus énergivores). En outre, lorsque ces logements font l'objet d'une nouvelle location, le loyer du nouveau contrat ne peut excéder le dernier loyer appliqué au précédent locataire.

Le bailleur supporte le risque d'impayé, mais celui-ci peut être couvert par une assurance appropriée.

Sous-section 2 – Le statut des baux commerciaux

La location des locaux dans lesquels s'exerce une activité commerciale, industrielle ou artisanale relève du statut des baux commerciaux (articles L145-1 et suivants du Code de commerce). Cette réglementation s'applique également à d'autres activités et concerne notamment :

– les locaux abritant des établissements d'enseignement ;

– les locaux loués aux communes pour l'exploitation de services en régie ;

– les locaux loués aux entreprises publiques et aux établissements publics à caractère industriel et commercial (EPIC) ;

– les locaux loués à des artistes admis à cotiser à la caisse de sécurité sociale de la maison des artistes et reconnus auteurs d'œuvres graphiques et plastiques, tels que définis par l'article 98 A de l'annexe III du Code général des impôts (CGI).

Le loyer initial d'un bail commercial est librement fixé. En revanche, sa modification éventuelle est encadrée. Il peut être indexé sur l'indice des loyers commerciaux (ILC), pour les activités commerciales et artisanales, ou l'indice des loyers des activités tertiaires (ILAT) pour les autres activités, notamment celles des professions libérales et celles effectuées dans les entrepôts logistiques (articles L112-2 et D112-2 du Code monétaire et financier, CMF).

À l'exception du bail dérogatoire conclu pour une durée de trois ans maximum, la durée d'un bail commercial ne peut être inférieure à neuf ans, avec la possibilité pour le locataire dans la majorité des cas de résilier le bail à l'expiration de chaque période triennale.

À l'échéance du bail, le locataire dispose du droit au renouvellement de son bail ou, en cas de refus du bailleur, du droit de percevoir une indemnité d'éviction versée par ce dernier.

Sous-section 3 - Les baux exclusivement professionnels

Le bail professionnel est celui qui est consenti à une personne ou société exerçant une profession libérale non commerçante, non industrielle, non artisanale. La location des locaux affectés à un usage exclusivement professionnel est régie par l'article 57 A de la loi n°86-1290 du 23 décembre 1986.

Note : cet article ne s'applique pas aux baux à usage mixte professionnel et d'habitation constituant la résidence principale du locataire qui, comme nous l'avons vu précédemment, relèvent de la loi n°89-462 du 6 juillet 1989.

Le contrat de location est conclu pour une durée au moins égale à six ans. Le locataire peut dénoncer le contrat à tout moment en respectant un préavis de six mois. Le bailleur ne peut dénoncer le contrat qu'à son échéance en notifiant sa décision six mois à l'avance. Le non-renouvellement du contrat n'ouvre pas droit à indemnité pour le locataire.

Les parties peuvent écarter l'application de l'article 57 A de la loi du 23 décembre 1986 en soumettant le bail d'un local affecté à un usage exclusivement professionnel au statut des baux commerciaux (article L145-2, 7° du Code de commerce).

Sous-section 4 - Les baux de droit commun

Les baux qui ne relèvent ni de la loi n°89-462, ni de la réglementation des baux commerciaux, ni de l'article 57 A de la loi n°86-1290 sont régis uniquement par le Code civil. Il en est ainsi notamment de la location d'une place de parking non rattachée à une habitation.

SECTION 8 - La mesure de la rentabilité

L'intérêt d'un investissement s'apprécie à l'aide de plusieurs outils :

- tout d'abord, la valeur actuelle nette (VAN) qui mesure le montant de l'enrichissement net procuré par l'investissement ou qui en est attendu s'il s'agit d'un projet. Le résultat obtenu lors du calcul de la VAN dépend du taux d'actualisation utilisé, laissé à la discrétion des investisseurs en fonction de leurs exigences de rendement. La VAN est principalement un outil de décision (sous-section 1) ;
- ensuite, le taux de rendement qui permet de déterminer la performance réalisée pendant un exercice donné (sous-section 2) ;
- enfin, le taux de rendement interne (TRI) et, pour les sociétés cotées, le *Total Shareholder Return* (TSR) qui permettent d'apprécier la performance sur plusieurs années et de façon plus complète (sous-section 3).

Nous fournissons un exemple d'utilisation de ces différents outils (sous-section 4).

Sous-section 1 - La valeur actuelle nette (VAN)

La VAN, ou *Net Present Value* (NPV), représente le montant de l'enrichissement (ou de l'appauvrissement) procuré par un investissement. Elle correspond à la différence entre, d'une part, le montant investi et, d'autre part, les flux de trésorerie nets procurés par l'investissement pendant sa durée, majorés de sa valeur terminale constituée du prix ou de la valeur estimée de revente. Les flux de trésorerie en cours d'investissement et la valeur terminale sont actualisés au coût moyen pondéré du capital (CMPC ou WACC *Weighted Average Cost of Capital*) pour tenir compte des exigences de rentabilité de l'investisseur ainsi que, dans le cas d'un recours à l'emprunt, du taux d'intérêt demandé par les banques. La couverture de l'inflation, c'est-à-dire la dépréciation de la valeur de la monnaie au fil du temps, est comprise dans le taux sans risque (en France, celui des OAT à dix ans). Un investissement comportant des risques de pertes, l'investisseur exige un taux supérieur au taux sans risque.

Sous-section 2 - Le taux de rendement (la performance sur un exercice)

D'une manière générale, calculer le taux de rendement d'un investissement consiste à rapprocher le revenu procuré par cet investissement au cours d'un exercice donné (loyer dans le cas d'un immeuble locatif ou dividendes dans le cas d'actions ou de parts) du montant du capital investi.

Les SCPI utilisent la notion de taux de distribution sur valeur de marché (TDVM). Ce taux s'obtient en divisant le « dividende brut, avant prélèvement libératoire et autre fiscalité payée [par la société] pour le compte de l'associé, versé au titre de l'année N […] par le prix de souscription au 1er janvier de l'année N pour les SCPI à capital variable ou le prix de part acquéreur moyen de l'année N-1 pour les SCPI à capital fixe » (ASPIM, 2023).

De façon analogue, dans les sociétés cotées, telles que les SIIC, le rendement des actions (*dividend yield*) se calcule en divisant le dernier dividende versé par le cours de l'action.

Néanmoins, ces ratios se révèlent insuffisants pour apprécier complètement l'intérêt d'un investissement, notamment parce qu'ils ne prennent en compte que le rendement d'une année déterminée.

Sous-section 3 - Le taux de rendement interne (TRI) et le *Total Shareholder Return* (TSR)

Le taux de rendement interne (TRI ou IRR *Internal Rate of Return*) représente le taux d'actualisation pour lequel la VAN d'un investissement est égale à zéro. En d'autres termes, c'est le taux d'actualisation qui, appliqué aux flux futurs d'un investissement (revenus et valeur terminale), équilibre ces flux avec son montant initial.

Dans le cas d'un investissement déjà réalisé ou en cours de réalisation, le TRI représente le taux de rendement effectivement réalisé par l'investissement sur une période de plusieurs années.

Si l'investissement est encore à l'état de projet, un investisseur n'y donnera suite que si son TRI prévisionnel est égal ou supérieur au niveau de CMPC requis par cet investisseur.

Le *Total Shareholder Return* (TSR), utilisé par les sociétés cotées et notamment les SIIC, représente le TRI d'un investissement en bourse. L'investissement initial est constitué par l'achat d'actions d'une société cotée ; les flux ultérieurs par les dividendes, qui sont supposés réinvestis en actions de la même société, et par le prix de revente de la totalité des actions en fin de période sur la base du dernier cours.

Sous-section 4 – Exemple d'utilisation de ces différents outils de mesure de la rentabilité

À la fin de l'année N, un particulier investit une somme de 42 500 euros dans l'acquisition de parts sociales de plusieurs SCPI. De N+1 à N+10, il perçoit à titre de dividendes les montants suivants : 2 050 euros la première année, 1 800 euros chaque année de N+2 à N+4, 1 850 euros chaque année de N+5 à N+7, 1 800 euros en N+8, 1 850 euros en N+9 et en N+10. La valeur de revente de ses parts est de 37 750 euros fin N+10, représentant une moins-value potentielle. Le flux de trésorerie de l'année N+10 (dividende et valeur de revente des parts) est de 39 600 euros. Nous appliquons un CMPC de 3 %.

Calcul de la VAN : cf. tableau ci-après.

Tableau 1.1. - Investissement en parts de SCPI – durée 10 ans – Calcul de la VAN avec un taux d'actualisation de 3 %

Période	Flux de trésorerie (euros)	Actualisation à un taux de 3 %	Valeur actuelle nette
N	– 42 500	– 42 500,00	– 42 500,00
N+1	+ 2 050	+ 1 990,29	– 40 509,71
N+2	+ 1 800	+ 1 696,67	– 38 813,04
N+3	+ 1 800	+ 1 647,25	– 37 165,78
N+4	+ 1 800	+ 1 599,28	– 35 566,50
N+5	+ 1 850	+ 1 595,83	– 33 970,68
N+6	+ 1 850	+ 1 549,35	– 32 421,33
N+7	+ 1 850	+ 1 504,22	– 30 917,11
N+8	+ 1 800	+ 1 420,94	– 29 496,18
N+9	+ 1 850	+ 1 417,87	– 28 078,31
N+10	+ 39 600	+ 29 466,12	+ 1 387,81
Total	+ 13 750		

Note : l'actualisation s'effectue à l'aide de la formule suivante : montant à actualiser divisé par (1 + taux d'actualisation) à la puissance « a » dans laquelle l'exposant « a » est le nombre de périodes. Ainsi, en N+4, le dividende après actualisation s'élève à 1 800 / (1 + 0,03)⁴ soit 1 599,28.

Les flux de trésorerie figurant ci-dessus sont des montants bruts, c'est-à-dire avant impôt, de façon à permettre des comparaisons. En effet, l'imposition effective n'est jamais uniforme. Les revenus provenant de la location nue, déterminés selon les règles des revenus fonciers, sont ajoutés aux autres revenus du contribuable pour être soumis globalement au barème progressif de l'impôt sur le revenu, comportant plusieurs tranches, imposées chacune à un taux différent qui s'élève progressivement en fonction de l'importance des revenus. Il en résulte une imposition effective variable, liée à l'importance des autres revenus du contribuable et à son quotient familial. Les plus-values de cession de parts de SCPI sont soumises à un taux proportionnel uniforme, mais la base d'imposition varie, notamment en fonction des abattements liés à la durée de détention à compter de la cinquième année.

La somme des flux de trésorerie avant actualisation permet de dégager un solde positif de 13 750 euros. Toutefois, après actualisation au taux de 3 %, l'enrichissement net procuré par l'investissement n'est que de 1 388 euros. Actualisée au taux de 4 %, l'opération se traduit par un appauvrissement net de 1 970 euros.

Le calcul de la VAN, comme celui du TRI, sont des fonctionnalités présentes sur la plupart des calculatrices. Il existe également des calculateurs sur internet.

Calcul du taux de rendement : nous rappelons que, dans les SCPI à capital variable, le TDVM consiste à rapprocher le dividende brut versé au titre d'une année du prix de souscription des parts au 1er janvier de la même année. Les données relatives à cette SCPI mentionnent un prix de souscription de 37 750 euros au 1er janvier N+10.

Le TDVM de l'année N+10 s'établit à 1 850 / 37 750 soit 4,90 %. La baisse du prix de souscription améliore le TDVM à dividende égal.

TRI : le taux de rendement interne de l'investissement, c'est-à-dire son niveau de rentabilité réelle, est de 3,4 %, comme le démontre le tableau ci-après.

Tableau 1.2. - Investissement en parts de SCPI – durée 10 ans – Calcul de la VAN avec un taux d'actualisation de 3,4 %

Période	Flux de trésorerie (euros)	Actualisation à un taux de 3,4 %	Valeur actuelle nette
N	– 42 500	– 42 500,00	– 42 500,00
N+1	+ 2 050	+ 1 982,59	– 40 517,41
N+2	+ 1 800	+ 1 683,57	– 38 833,84
N+3	+ 1 800	+ 1 628,21	– 37 205,63
N+4	+ 1 800	+ 1 574,67	– 35 630,95
N+5	+ 1 850	+ 1 565,20	– 34 065,76
N+6	+ 1 850	+ 1 513,73	– 32 552,03
N+7	+ 1 850	+ 1 463,96	– 31 088,07
N+8	+ 1 800	+ 1 377,55	– 29 710,52
N+9	+ 1 850	+ 1 369,26	– 28 341,25
N+10	+ 39 600	+ 28 345,87	+ 4,62
Total	+ 13 750		

En N+10, la VAN est à zéro. Les flux ultérieurs à l'acquisition initiale, actualisés au taux de 3,4 %, et le montant de l'acquisition initiale s'équilibrent à 4,62 euros près.

Dans notre exemple, le TRI pâtit de la mauvaise performance des parts, dont le prix de souscription (qui est également utilisé pour le calcul de leur valeur de rachat par la société) passe de 42 500 à 37 750 soit une moins-value de 4 750 euros (−11 %).

CHAPITRE 2
LA SCPI,
ORGANISATION JURIDIQUE
ET PARTS SOCIALES

Les sociétés civiles de placement immobilier (SCPI) acquièrent ou font construire des immeubles qu'elles donnent en location ou détiennent des parts ou actions d'entités ayant le même objet. À l'exception des actifs immobiliers acquis en nue-propriété dans le cadre de l'usufruit locatif social (articles L253-1 et suivants du Code de la construction et de l'habitation), les biens immobiliers ne peuvent être achetés exclusivement en vue de la revente et les cessions ne doivent pas présenter un caractère habituel.

Les SCPI, qui ont été créées par la loi n° 70-1300 du 31 décembre 1970, sont régies par les articles L214-86 et suivants du Code monétaire et financier (CMF). Elles ne sont pas cotées en bourse.

Les différents types de SCPI : la majorité des SCPI détiennent un patrimoine immobilier à usage commercial : bureaux, commerces, locaux d'activités, entrepôts. Elles ont pour objectif principal la distribution de revenus réguliers et sont communément appelées « SCPI classiques diversifiées » ou « SCPI de rendement ».

D'autres SCPI sont spécialisées dans l'acquisition d'immeubles à usage d'habitation nécessitant des travaux et destinés à être revendus après une période plus ou moins longue de location. Elles comprennent :

– Les « SCPI de déficit foncier » qui communiquent sur la possibilité pour l'associé, dans une première phase, de réduire son impôt sur le revenu en imputant sur son revenu global le déficit foncier engendré par des travaux d'entretien, de réparation et d'amélioration « éligibles au droit commun des revenus fonciers » avant, dans une seconde phase, de bénéficier de revenus locatifs. Les flux de trésorerie nets sont négatifs durant la première phase, au cours de laquelle ils correspondent aux déficits fonciers que compense partiellement l'économie d'impôt ; ils sont positifs dans la seconde phase, durant laquelle ils sont constitués des bénéfices locatifs après impôt.

– Les « SCPI de plus-values », également appelées « SCPI de capitalisation » ou « SCPI de valorisation » dont l'objectif ne consiste pas en la distribution de revenus à leurs associés, mais en la valorisation du patrimoine de ces derniers ; ces sociétés entreprennent d'importants travaux dans des immeubles d'habitation dépréciés, de façon à pouvoir les revendre avec plus-value ; ces plus-values sont distribuées aux associés ou conservées dans la société, la valorisation du patrimoine de l'associé résultant alors de l'augmentation de la valeur de ses parts.

– Les « SCPI fiscales » s'inscrivant dans des dispositifs fiscaux particuliers (« Denormandie ancien », « Malraux ») permettant à leurs associés de bénéficier d'une réduction d'impôt sur le revenu, subordonnée au respect d'engagements fiscaux, notamment l'obligation de conserver leurs parts jusqu'à l'expiration des engagements de location pris par la SCPI.

Ces différents types de SCPI sont étudiés au chapitre 12.

Non-assujettissement à l'IS : selon l'article 239 septies du CGI, la SCPI n'entre pas dans le champ d'application de l'impôt sur les sociétés, mais chacun de ses associés est personnellement imposable, sur la partie des bénéfices sociaux correspondant à ses droits dans la société, soit à l'impôt sur le revenu, soit à l'impôt sur les sociétés lorsque l'associé est une personne morale passible de cet impôt.

Absence d'obligation de distribution : l'objectif de distribution régulière de dividendes, qui caractérise les SCPI de rendement, ne résulte pas de contraintes réglementaires. Contrairement aux OPCI et aux SIIC, les SCPI ne sont soumises réglementairement à aucune obligation de distribution.

Ce chapitre est consacré à l'organisation de la SCPI (section 1) et au régime juridique de ses parts sociales (section 2). Nous examinerons, dans le chapitre 3, la composition de son patrimoine et ses comptes annuels.

SECTION 1 – Création et organisation

Nous étudions tout d'abord les modalités de constitution de la SCPI (sous-section 1). Trois organes concourent au fonctionnement de la SCPI : la société de gestion (SG), le conseil de surveillance et l'assemblée générale (sous-section 2). La SG nomme un dépositaire (sous-section 3). La responsabilité des associés pour les dettes de la SCPI est limitée (sous-section 4). Le fonctionnement de la SCPI se traduit sur le plan patrimonial par l'établissement de trois valeurs : comptable, de réalisation et de reconstitution (sous-section 5).

Sous-section 1 - Constitution de la SCPI

La SCPI est créée au cours d'une assemblée générale constitutive réunissant ses fondateurs. Son capital initial ne peut être inférieur à 760 000 euros. La première offre au public peut intervenir une fois que le capital initial a été intégralement libéré par les fondateurs et que la SCPI a obtenu de l'Autorité des marchés financiers (AMF) :

- l'agrément de la société de gestion ;
- l'acceptation de l'expert externe en évaluation immobilière ;
- l'approbation de la garantie bancaire requise (article 422-192 du règlement général de l'AMF (RG AMF)).

L'ordonnance n°2024-662 du 3 juillet 2024 a introduit la possibilité pour les SCPI de prévoir dans leurs statuts l'existence de « différentes catégories de parts dans les conditions qu'ils fixent et selon les prescriptions du règlement général de l'AMF » (article L214-88, CMF).

Sous-section 2 - Les organes de la SCPI

La gérance des SCPI est assurée par leur société de gestion (SG).

L'assemblée générale des associés de la SCPI (« l'assemblée générale ») élit un conseil de surveillance composé de trois à douze associés. Celui-ci opère les vérifications et les contrôles qu'il juge opportuns, à tout moment. Il présente un rapport à l'assemblée générale.

Le conseil de surveillance « s'abstient de tout acte de gestion ; en cas de défaillance de la société de gestion, il convoque sans délai une assemblée générale devant pourvoir à son remplacement » (article 422-199, RG AMF). La SG est en outre révocable par les tribunaux pour cause légitime, à la demande de tout associé.

L'assemblée générale approuve les comptes annuels et fixe le montant du dividende. La SG a qualité pour décider le versement d'un acompte à valoir sur le dividende, en fixer le montant et la date de versement.

Toute convention intervenant entre la SCPI et la SG ou tout associé de cette dernière est soumise pour approbation à l'assemblée générale sur les rapports du conseil de surveillance et des commissaires aux comptes.

Les conditions de rémunération de la SG, en particulier le taux et l'assiette des commissions, sont définies dans les statuts de la SCPI ou, à défaut, dans une convention particulière entre la SG et la SCPI approuvée par l'assemblée générale. Elles sont portées à la connaissance des souscripteurs dans la note d'information visée par l'AMF (cf. section 2, sous-section 1 ci-après).

Sous-section 3 - Le dépositaire

La SCPI choisit, sur une liste d'entités arrêtée par le ministre chargé de l'économie, un dépositaire qui exerce sa mission dans les conditions fixées par l'article L214-24-8 du CMF. Le dépositaire contrôle les flux de liquidités de la SCPI, vérifie que celle-ci est bien propriétaire de ses actifs et exécute les instructions de la société de gestion, sous réserve qu'elles soient conformes à la réglementation et aux documents de la SCPI.

Sous-section 4 - Responsabilité limitée des associés

Chaque associé répond des dettes de la SCPI à l'égard des tiers dans la limite de deux fois le montant de ses parts sociales. Cependant, les statuts de la SCPI peuvent prévoir que la responsabilité de chaque associé est limitée au montant de ses parts.

Sous-section 5 - Valeurs comptable, de réalisation et de reconstitution de la SCPI

La SG mentionne ces trois valeurs dans un état annexe au rapport de gestion présenté à l'assemblée générale.

Valeur comptable : elle correspond au solde des valeurs bilantielles des postes d'actif et des postes de passif, étant précisé que les placements immobiliers (immeubles construits ou acquis en vue de la location) figurent au bilan à leur valeur d'acquisition.

Valeur de réalisation de la SCPI : c'est la somme de la valeur vénale des immeubles, détenus directement ou indirectement par la société, et de la valeur nette des autres actifs. La valeur vénale des immeubles est appréciée par un expert externe en évaluation, hors droits. Elle correspond au prix que procurerait leur vente totale. La valeur nette des autres actifs (actifs moins passifs) arrêtée sous le contrôle du commissaire aux comptes tient compte des plus-values et moins-values latentes sur actifs financiers.

La valeur de réalisation de la société à la clôture de l'exercice constitue la valeur estimée du patrimoine figurant dans « l'état du patrimoine », qui est l'un des états financiers annuels de la SCPI.

Valeur de reconstitution de la SCPI : elle est déterminée à partir de la valeur de réalisation augmentée de l'estimation des frais qui seraient nécessaires pour la reconstitution du patrimoine de la société (frais de prospection des capitaux, frais d'acquisition des immeubles, droits). C'est à partir de la valeur de reconstitution qu'est déterminé le prix de souscription des parts nouvellement émises.

Ces valeurs sont arrêtées et publiées par la société de gestion à la clôture de chaque exercice ainsi qu'à chaque premier semestre de l'exercice pour les SCPI à capital variable et en cas d'augmentation de capital (article L214-109 CMF).

SECTION 2 - Souscription, achat et revente des parts, retrait des associés

Les modalités de souscription aux augmentations de capital sont identiques dans toutes les SCPI (sous-section 1). En dehors des périodes d'augmentation de capital, les SCPI à capital fixe (SCPI « fermées ») organisent un système de confrontation des ordres d'achat et de vente de leurs parts sociales (sous-section 2). Les SCPI à capital variable (SCPI « ouvertes ») émettent des parts sociales au fur et à mesure des souscriptions dans la limite du capital maximal fixé par les statuts. Dans ces sociétés à capital variable, les associés voulant se retirer demandent à la société le remboursement de leurs parts (sous-section 3) ; à cet effet l'assemblée peut décider la création d'un fonds de remboursement pour favoriser la fluidité des parts (sous-section 4). Dans toutes les SCPI, à capital fixe ou variable, l'assemblée générale extraordinaire est réunie pour statuer sur les mesures à prendre en cas de dysfonctionnement du marché des parts ou de la procédure de retrait (sous-section 5). Enfin, les cessions de gré à gré sont possibles, mais les statuts peuvent les soumettre à l'agrément de la société (sous-section 6).

Sous-section 1 - Souscription des parts

Pour émettre des parts sociales nouvelles dans le cadre d'une offre au public, la SCPI établit une note d'information visée par l'AMF, un document d'informations clés (DIC) et un bulletin de souscription (instruction AMF du 13 mars 2019, modifiée le 5 mars 2021, AMF 2019).

Le DIC est un document précontractuel dont le format est standardisé au niveau européen (règlement délégué UE 2017/653 du 8 mars 2017 de la Commission, appelé « règlement PRIIP »). Il présente les caractéristiques essentielles du placement : stratégie d'investissement de la SCPI, description du risque et des possibilités de gains pour l'investisseur, présentation de quatre scénarios de performance, indication des frais et de leur impact sur le rendement, durée de détention recommandée.

Le prix de souscription des parts est déterminé sur la base de la valeur de reconstitution. Tout écart entre le prix de souscription et la valeur de reconstitution supérieur à 10 % doit être justifié par la SG et notifié à l'AMF.

Sous-section 2 - Achat et revente de parts de SCPI à capital fixe

Chaque SCPI à capital fixe possède son propre marché secondaire qui permet d'acquérir des parts sociales existantes ou de les vendre.

Les ordres d'achat et de vente sont horodatés avant d'être inscrits sur un registre tenu au siège de la société. Seuls sont recevables les ordres d'achat à prix maximum et les ordres de vente à prix minimum. À intervalles réguliers, qui ne peuvent être supérieurs à trois mois ni inférieurs à un jour ouvré, la SG procède à l'établissement d'un prix d'exécution (« le fixing ») par confrontation des ordres d'achat et des ordres de vente inscrits sur le registre.

La SG détermine le prix d'exécution à l'aide de trois critères, qui sont par ordre décroissant : le prix permettant d'échanger le plus grand nombre de parts ; ensuite, le prix pour lequel le nombre de parts non échangées est le plus faible ; enfin, le prix le plus proche du dernier prix d'exécution établi. Si le premier critère ne permet pas de déterminer un prix d'exécution unique, il est passé au deuxième critère et, si nécessaire, au troisième critère.

Les ordres sont exécutés au prix d'exécution unique ainsi déterminé et à ce seul prix. Sont exécutés en priorité les ordres d'achat inscrits au prix le plus élevé et les ordres de vente inscrits au prix le plus faible et, à limite de prix égale, les ordres les plus anciens. Le prix d'exécution ainsi que le nombre de parts échangées sont rendus publics le jour de l'établissement du prix.

La cession donne lieu au paiement d'un droit d'enregistrement au taux de 5 % à la charge de l'acquéreur (article 726, I, 2° du CGI).

Lorsqu'il se produit un événement important susceptible, s'il était connu du public, d'avoir une incidence significative sur le prix d'exécution des parts ou la situation et les droits des associés, la SG en informe l'AMF, suspend l'inscription des ordres sur le registre et procède à l'annulation des ordres existants (article 422-211 RG AMF).

Sous-section 3 - Procédure de retrait dans les SCPI à capital variable

Les demandes des associés qui désirent faire racheter par la société tout ou partie de leurs parts (les « demandes de retrait ») sont inscrites sur un registre dédié pour être satisfaites par ordre chronologique d'inscription.

À moins que la société ne possède un fonds de remboursement (cf. sous-section 4 ci-après), une demande de retrait ne peut être exécutée que si elle est compensée par une souscription. Dans ce cas, le capital social reste inchangé, les parts annulées de l'associé qui se retire étant compensées par les parts nouvelles attribuées au souscripteur.

La SG détermine le prix de retrait. Celui-ci ne peut être effectué à un prix supérieur au prix de souscription diminué de la commission de souscription.

Certaines SCPI ont mis en place un mécanisme de compensation différée des demandes de retrait. Celles-ci sont satisfaites avec les fonds disponibles, non encore investis dans des actifs immobiliers, provenant des souscriptions réalisées au cours des douze derniers mois.

En cas de baisse du prix de retrait, la SG en informe les associés ayant demandé leur retrait. En cas d'absence de réaction de leur part dans un délai de quinze jours, la demande de retrait est réputée maintenue avec le nouveau prix.

Sous-section 4 - Fonds de remboursement

La constitution d'un fonds de remboursement n'est pas obligatoire. Lorsqu'il est prévu dans les statuts, les règles suivantes doivent être respectées. L'assemblée générale affecte à ce fonds des sommes provenant de la cession d'éléments du patrimoine locatif ou prélevées sur les bénéfices lors de l'approbation des comptes annuels. Il est utilisé pour rembourser les associés lorsque le retrait ne peut s'effectuer par compensation avec une demande de souscription. Le montant du remboursement ne peut être supérieur à la valeur de réalisation ni inférieur à celle-ci diminuée de 10 %, sauf autorisation de l'AMF. L'assemblée ne peut décider la reprise des sommes disponibles sur le fonds de remboursement en vue d'un autre usage que sur rapport motivé de la SG et information préalable de l'AMF.

Sous-section 5 - Dysfonctionnement du mécanisme des achats-ventes (SCPI à capital fixe) ou des retraits-souscriptions (SCPI à capital variable)

La SG est tenue de convoquer les associés en assemblée générale avec pour ordre du jour la cession partielle ou totale du patrimoine de la société et toute autre mesure appropriée :

- dans les SCPI à capital fixe, lorsque les ordres de vente non satisfaits depuis plus de douze mois représentent au moins 10 % des parts émises par la société ;
- dans les SCPI à capital variable, lorsque les demandes de retrait non satisfaites dans un délai de douze mois représentent au moins 10 % des parts émises par la société (article L214-93 CMF).

En outre, lorsqu'elle estime que les circonstances l'exigent, la SG propose à l'assemblée générale, après audition du rapport des commissaires aux comptes, soit la diminution du prix de la part sous réserve que celui-ci ne soit pas diminué de plus de 30 %, soit la cession partielle ou totale du patrimoine (article L214-95 CMF).

Dans l'ensemble de ces hypothèses, la SG doit préalablement informer l'AMF avant de convoquer l'assemblée générale.

Sous-section 6 - Cession de gré à gré

Les procédures décrites ci-dessus n'excluent pas la possibilité pour tout associé d'une SCPI à capital fixe ou à capital variable de vendre ses parts à toute personne de son choix à des conditions de prix librement débattues entre les deux parties. Toutefois, sauf en cas de succession, de liquidation de communauté de biens entre époux, ou de cession à un conjoint, un ascendant ou un descendant, la cession de parts à un tiers, à quelque titre que ce soit, peut être soumise à l'agrément de la société par une clause des statuts. Si la société n'agrée pas le cessionnaire proposé, la SG est tenue de faire acquérir les parts par un associé ou par un tiers ou, avec le consentement du cédant, par la société en vue d'une réduction du capital. À défaut d'accord sur le prix des parts, celui-ci est déterminé par un expert dans les conditions prévues à l'article 1843-4 du Code civil.

De même que la cession intervenant à la suite de la confrontation des ordres d'achat et de vente, la cession de gré à gré de parts sociales donne lieu au paiement d'un droit d'enregistrement au taux de 5 % à la charge de l'acquéreur.

CHAPITRE 3
LE PATRIMOINE ET LES COMPTES ANNUELS DE LA SCPI

Le patrimoine de la SCPI fait l'objet de la section 1, ses comptes annuels de la section 2.

SECTION 1 – Le patrimoine de la SCPI

La composition du patrimoine de la SCPI est réglementée tant à l'actif (sous-section 1) qu'au passif (sous-section 2).

Sous-section 1 – Règles relatives à la composition de l'actif

Le Code monétaire et financier donne une liste limitative des biens et valeurs pouvant figurer à l'actif d'une SCPI (paragraphe a). En outre, celle-ci ne peut réaliser des travaux et céder des éléments de son patrimoine immobilier que dans la limite d'un pourcentage de la valeur vénale de ce dernier (paragraphe b).

a) Biens et valeurs pouvant figurer à l'actif d'une SCPI

Selon l'article L214-115 du CMF, l'actif d'une SCPI est exclusivement constitué des biens et valeurs suivants :

1° – Immeubles construits ou acquis en vue de la location [nue] dont la SCPI est propriétaire ou sur lesquels elle possède un droit réel, comme la nue-propriété, l'usufruit, les droits du preneur d'un bail à construction ou d'un bail à réhabilitation (« les immeubles locatifs »).

L'ordonnance n° 2024-662 du 3 juillet 2024 précise que les SCPI peuvent également, « à titre accessoire » :

– acquérir, directement ou indirectement, en vue de leur location, des meubles meublants, des biens d'équipement ou tous biens meubles affectés aux immeubles détenus et nécessaires au fonctionnement, à l'usage ou à l'exploitation de ces derniers (« biens meubles nécessaires à l'usage des immeubles détenus ») ;

– ainsi que procéder à l'acquisition directe ou indirecte, l'installation, la location ou l'exploitation de tout procédé de production d'énergies renouvelables, y compris la revente de l'électricité produite.

Note : depuis la loi n° 93-6 du 4 janvier 1993, les SCPI sont autorisées à acquérir « les équipements lourds nécessaires à la mise en service des bâtiments [tels que] réseaux électriques, informatiques, téléphoniques, connexion internet, chauffage ». La modification apportée à l'alinéa 1° de l'article L214-115 par l'ordonnance n° 2024-662 a pour objectif de permettre également à la SCPI de :

– « financer, à travers leur détention, les biens meubles et meublants » nécessaires à la réalisation par un tiers de prestations de services « du type conciergerie ou restauration », dans des résidences étudiantes, séniors, des hébergements touristiques, des espaces de coworking ou l'immobilier commercial.

– « contribuer à la transition énergétique avec l'installation et l'exploitation de panneaux photovoltaïques sur les immeubles qu'elles détiennent ».

La détention de ces actifs doit s'effectuer « à titre accessoire, de manière à ne pas remettre en cause la nature civile de l'activité de la SCPI » (Roussel, 2019).

2° – Parts de sociétés de personnes non cotées, dont les associés répondent du passif au-delà de leurs apports, mais sans que leur responsabilité soit indéfinie et solidaire, possédant un actif composé principalement d'immeubles locatifs, de biens meubles nécessaires à l'usage des immeubles détenus, de tout procédé de production d'énergies renouvelables en vue de la location ou de l'exploitation ou de ces deux finalités ou de participations directes ou indirectes dans des sociétés répondant aux conditions du présent alinéa 2°.

Note : les associés de sociétés de personnes sont responsables personnellement des dettes de la société. Ces sociétés comprennent notamment les sociétés civiles, dans lesquelles les associés répondent indéfiniment des dettes sociales à l'égard des tiers, à proportion de leur part dans le capital social, mais sans solidarité entre eux. Les sociétés civiles immobilières (SCI) qui donnent en location un ou plusieurs immeubles entrent dans le cadre de l'alinéa 2°.

2° bis – Parts de sociétés de personnes autres que celles mentionnées au 2°, parts ou actions de sociétés autres que des sociétés de personnes, non cotées, dans lesquelles la responsabilité des associés ou des actionnaires est limitée au montant de leurs apports ; l'actif de ces sociétés est composé à titre principal des mêmes biens ou participations que les sociétés de l'alinéa 2° ; en outre, il peut inclure des participations directes et indirectes dans des sociétés répondant aux conditions du présent alinéa 2° bis.

Note : cet alinéa 2° bis a été ajouté dans l'article L214-115 par l'ordonnance n° 2024-662 du 3 juillet 2024. Il rapproche la composition du patrimoine de la SCPI de celle de la poche immobilière des SPPICAV (cf. chapitre 5, section 1, sous-section 1).

3° – Parts de SCPI, parts ou actions d'OPCI grand public ou d'OPCI professionnels et parts, actions ou droits détenus dans des organismes de droit étranger ayant un objet équivalent, quelle que soit leur forme.

4° – Dépôts et liquidités.

5° – Avances en compte courant consenties aux sociétés mentionnées précédemment dont la SCPI détient directement ou indirectement au moins 5 % du capital social.

6° – Instruments financiers à terme (également dénommés « contrats financiers ») conclus par la SCPI en vue de protéger ses actifs, portant sur des taux d'intérêt, des taux de change ou des devises ou sur une combinaison des éléments précédents.

Une SCPI et les sociétés mentionnées à l'alinéa 2 ne peuvent détenir d'actions, de parts, de droits financiers ou de droits de vote dans une entité, quelle que soit sa forme, dont les associés ou membres répondent indéfiniment et solidairement des dettes de l'entité, par exemple, une société en nom collectif (SNC).

Les parts, actions ou droits de SCPI ou d'organismes mentionnés au 3° ne peuvent représenter plus de 10 % de la valeur vénale du patrimoine immobilier de la SCPI détentrice.

b) Travaux et cessions

Les SCPI ne peuvent réaliser des travaux d'agrandissement, des travaux de reconstruction ainsi que des cessions d'éléments de leur patrimoine immobilier que dans la limite de plafonds annuels. L'article R214-157 CMF fixe chacun des trois plafonds à 15 % de la valeur vénale du patrimoine immobilier de la SCPI figurant au bilan du dernier exercice clos.

Travaux d'agrandissement : pour l'appréciation du plafond de 15 %, les travaux d'agrandissement sont pris en compte TTC et incluent les travaux d'amélioration réalisés à l'occasion de l'agrandissement de l'immeuble. Lorsque les travaux doivent se dérouler sur deux exercices, le plafond d'un exercice peut se cumuler avec celui de l'exercice suivant.

Travaux de reconstruction : pour l'appréciation du plafond de 15 %, les travaux de reconstruction sont pris en compte TTC et incluent les travaux d'amélioration et d'agrandissement réalisés à l'occasion de la reconstruction. Si les travaux ne peuvent être réalisés au cours d'un même exercice, le plafond annuel de cet exercice peut être cumulé avec celui du seul exercice suivant. Le montant des travaux rendus nécessaires par un cas de force majeure ou exigés par la réglementation n'est pas plafonné.

Cessions d'éléments du patrimoine immobilier : lorsqu'aucune cession n'est intervenue au cours d'un exercice, le plafond annuel de 15 % peut être reporté et se cumuler avec celui de l'exercice suivant, dans la limite de trois exercices successifs. La SCPI ne peut céder que des immeubles dont elle est propriétaire depuis au moins cinq ans. Toutefois, dans la limite globale de 2 % de la valeur vénale de son patrimoine immobilier, elle peut céder des immeubles ne respectant pas cette durée de détention.

Lorsque les fonds provenant de la vente d'un élément du patrimoine immobilier locatif ne sont pas réinvestis, l'assemblée générale est seule compétente pour décider :

- leur mise en distribution totale ou partielle avec, le cas échéant, amortissement du nominal des parts (sur cette notion, cf. note ci-après) ;
- ou leur affectation au fonds de remboursement (article 422-225 RG AMF).

Note : l'amortissement du capital est l'opération par laquelle la SCPI rembourse à ses associés le montant nominal de leurs parts sociales. Ce n'est pas une réduction de capital. Celui-ci reste inchangé et les parts sociales continuent d'exister. Les parts amorties perdent leur droit au dividende ordinaire. Elles conservent tous leurs autres droits, en particulier le droit de vote ainsi que le droit aux distributions exceptionnelles et au boni de liquidation. L'amortissement du nominal des parts constitue, lors de la liquidation de la société, un acompte sur les sommes devant revenir aux associés.

Sous-section 2 – Règles relatives à la composition du passif

Le recours de la SCPI à l'endettement est encadré (paragraphe a). Son degré d'endettement se calcule selon deux méthodes principales : le levier, dont le montant maximal doit être rendu public, et le « ratio dettes et autres engagements » (paragraphe b).

a) Un endettement encadré

La société de gestion peut, au nom de la SCPI qu'elle gère, contracter des emprunts, assumer des dettes ou procéder à des acquisitions payables à terme, dans la limite d'un maximum fixé par l'assemblée générale ; cette limite tient compte de l'endettement des sociétés mentionnées aux 2° et 2° bis de l'article L214-115 dont la SCPI possède des parts ou actions (article L214-101 CMF).

L'assemblée générale fixe ce montant de telle sorte qu'il soit compatible avec les capacités de remboursement de la SCPI sur la base de ses recettes ordinaires pour les emprunts et les dettes, et avec ses capacités d'engagement pour les acquisitions payables à terme (article 422-225 RG AMF).

b) Mesure du degré d'endettement

Nous examinons tout d'abord le « levier » puis le « ratio dettes et autres engagements ».

Levier : la directive 2011/61/UE du 8 juin 2011, dite directive AIFM (*Alternative Investment Fund Managers*), prévoit l'obligation pour les gestionnaires de fonds d'investissement alternatif (FIA), tels que SCPI et OPCI, de communiquer le levier du FIA. Deux modes de calcul doivent être utilisés, la méthode « brute » et la méthode « de l'engagement » ou « nette », dans les conditions des articles 6 à 11 du règlement délégué (UE) n° 231/2013 de la Commission du 19 décembre 2012.

Le levier représente le rapport existant entre l'exposition de la SCPI et sa valeur de réalisation. L'exposition correspond à la valeur de réalisation augmentée des emprunts bancaires, des comptes courants d'associés et des contrats de crédit-bail et diminuée, dans la méthode brute, de la trésorerie, des équivalents de trésorerie et de la valeur des contrats financiers et, dans la méthode de l'engagement, de la seule valeur des contrats financiers.

Le niveau maximal du levier d'une SCPI est mentionné dans la note d'information.

Ratio dettes et autres engagements : celui-ci correspond au rapport entre :

- au numérateur, les dettes (emprunts bancaires, comptes courants d'associés) et les engagements immobiliers (résultant de contrats de crédit-bail dans lesquels la SCPI agit en qualité de preneur ou d'acquisitions réalisées dans le cadre de contrats de ventes en l'état futur d'achèvement VÉFA) ;
- et, au dénominateur, l'actif brut (somme de la valeur de réalisation, des dettes et des engagements immobiliers) (ASPIM, 2023).

Exemple : à la clôture d'un exercice, la valeur estimée du patrimoine d'une SCPI, c'est-à-dire sa valeur de réalisation, est de 707 millions d'euros. Le capital restant à rembourser sur emprunts bancaires s'élève à 50 millions d'euros pour la SCPI et à 48 millions d'euros au total pour deux de ses filiales sous forme de SCI détenues à 100 %.

Le ratio dettes et autres engagements ressort à :

(50 + 48) / (707 + 50 + 48) = 12 %

SECTION 2 – Les comptes annuels de la SCPI

Les SCPI établissent leurs comptes annuels conformément aux dispositions du plan comptable général (PCG), sous réserve des adaptations prévues par le règlement de l'Autorité des normes comptables (ANC) n° 2016-03 du 15 avril 2016 (ANC, 2016).

Le PCG fait l'objet du règlement ANC n° 2014-03 du 5 juin 2014 (ANC, 2014) modifié, pour les exercices ouverts à compter du 1er janvier 2025, par le règlement ANC n° 2022-06 du 4 novembre 2022 (ANC, 2022).

Comme précisé dans une version antérieure du plan comptable des SCPI, adoptée par le Conseil national de la comptabilité dans son avis n° 98-06 du 23 juin 1998 (CNC, 1998), « les règles comptables [applicables aux SCPI] ont pour objet de permettre à l'épargnant d'obtenir une information la plus proche possible de celle dont il disposerait s'il investissait directement [sur le moyen ou le long terme] dans un ou des immeubles locatifs ». À cet effet, les SCPI sont soumises à des règles juridiques et fiscales « qui rapprochent au maximum cette propriété collective de la situation d'un propriétaire direct ».

Les états financiers annuels d'une SCPI se composent d'un état du patrimoine (sous-section 1), d'un compte de résultat (sous-section 2), d'un tableau de variation des capitaux propres (sous-section 3), d'une annexe et d'un état hors bilan (sous-section 4), qui forment un tout indissociable.

Sous-section 1 – L'état du patrimoine

Deux types de valeurs apparaissent dans l'état du patrimoine : les valeurs bilantielles et les valeurs estimées (paragraphe a). Il en résulte que ce document fait apparaître deux totaux différents, les capitaux propres et la valeur estimée du patrimoine (paragraphe b). Après avoir listé les différentes rubriques du document (paragraphe c), nous précisons le contenu de deux postes d'actif : « placements immobiliers » (paragraphe d) et « immobilisations financières » (paragraphe e), puis le contenu de certains postes de passif (paragraphe f).

a) Valeurs bilantielles et valeurs estimées

L'état du patrimoine comporte, pour l'ensemble des actifs et des passifs, deux colonnes :

- Une colonne « valeurs bilantielles » reprenant le coût historique de chaque actif ou passif présent dans la société, c'est-à-dire sa valeur d'entrée dans le patrimoine.

Les placements immobiliers, constitués par les immeubles locatifs et les titres d'entités contrôlées à caractère immobilier (les « immobilisations financières contrôlées ») ne font l'objet, postérieurement à leur entrée dans le patrimoine, d'aucun amortissement ni d'aucune dépréciation (aucune moins-value potentielle n'est inscrite à l'actif). Il y a toutefois deux exceptions. Lorsque la société ne possède que des droits temporaires sur ses placements immobiliers (constructions sur sol d'autrui, concessions, droits réels temporaires tels qu'un usufruit), un amortissement est pratiqué. En outre, une dépréciation est constatée pour les immeubles locatifs, en cas de destruction significative, et pour les immobilisations financières contrôlées, en cas de pertes de valeur significatives.

Les actifs autres que les placements immobiliers (« les autres actifs ») font l'objet d'amortissements et de dépréciations dans les conditions du PCG.

Les dépréciations sur les autres actifs et les amortissements réduisent le résultat. En revanche, les dépréciations sur placements immobiliers, portées directement dans un compte de réserves, n'ont pas d'incidence sur celui-ci.

La valeur des actifs (placements immobiliers ou autres actifs) n'est pas révisée à la hausse pour tenir compte d'une éventuelle appréciation.

- Une colonne « valeurs estimées » reprenant la valeur estimée de chaque actif et passif.

Pour les placements immobiliers (immeubles locatifs et immobilisations financières contrôlées), la valeur estimée est constituée par la valeur actuelle, qui correspond au « prix qu'accepterait de payer un investisseur pour le bien en l'état ». « Cette valeur est déterminée hors droits d'acquisition. À la clôture des comptes, le placement immobilier est présumé être à usage locatif » (article 121-51, ANC 2016).

C'est un expert externe en évaluation qui apprécie la valeur des immeubles et des droits réels détenus directement ou indirectement par la SCPI. Chaque immeuble fait l'objet d'une expertise tous les cinq ans, avec actualisation par l'expert chaque année (article R214-157-1 CMF).

Pour les autres actifs et passifs, les comptes de régularisation (cf. note ci-après) et les capitaux propres, la valeur estimée est la reprise de la valeur bilantielle (article 121-50, ANC 2016). Celle-ci tient compte des plus-values et des moins-values latentes sur actifs financiers (article R214-157-1, CMF).

Note : les comptes de régularisation mentionnés ci-dessus sont ceux prévus par le plan comptable général (ANC, 2014) : ils enregistrent les produits et les charges comptabilisés au cours de l'exercice, mais qui concernent l'exercice suivant (produits constatés d'avance ou charges constatées d'avance) ou les charges pouvant être réparties sur plusieurs exercices (frais d'émission des emprunts).

b) Capitaux propres et valeur estimée du patrimoine

Du fait de l'existence de deux types de valeurs, bilantielles et estimées, l'état du patrimoine fait apparaître deux totaux :

- Un total « capitaux propres comptables » qui correspond au solde des valeurs bilantielles des actifs et des passifs. Les capitaux propres n'apparaissent que sous la forme de ce solde. L'état du patrimoine ne donne pas leur décomposition. Celle-ci fait l'objet d'un document distinct, le tableau de variation des capitaux propres, que nous étudions dans la sous-section 3.

Les décisions de l'assemblée relatives aux dividendes sont prises sur la base des capitaux propres : postes « résultat » et « plus-values réalisées ».

- Un total « valeur estimée du patrimoine » qui correspond au total des valeurs estimées des actifs, diminué des passifs. Nous rappelons que la valeur estimée du patrimoine est la valeur de réalisation de la SCPI à la clôture de l'exercice.

Les valeurs estimées n'ont aucune incidence sur la comptabilité de la SCPI, qui est tenue au regard des valeurs historiques au bilan et des opérations de l'exercice au compte de résultat. Dans la suite de cette section, nous nous référons donc uniquement aux valeurs bilantielles.

c) Les rubriques de l'état du patrimoine

Les actifs et les passifs se répartissent sous les rubriques suivantes. Le signe + ou – indique le sens de fonctionnement du compte.

Tableau 3.1. – SCPI - état du patrimoine

I - Placements immobiliers

Immobilisations locatives

- Droits réels (usufruit, bail emphytéotique, etc.) (+)
  moins amortissements cumulés
- Concessions (+)
  moins amortissements cumulés
- Constructions sur le sol d'autrui (+)
  moins amortissements cumulés
- Terrains et constructions locatives (+)
- Immobilisations en cours (+)

Provisions liées aux placements immobiliers

- Dépréciation exceptionnelle d'immobilisations locatives (−)
- Provisions pour gros entretien (−)
- Provisions pour risques et charges (−)

Titres financiers contrôlés

- Immobilisations financières contrôlées (+)
- Dépréciation exceptionnelle des immobilisations financières contrôlées (−)
- Provisions pour risques et charges (−)

= Total I (placements immobiliers)

II - Immobilisations financières

- Immobilisations financières non contrôlées (+)
  moins dépréciations
- Avances en compte courant aux *immobilisations financières contrôlées* et créances rattachées (+)
  moins dépréciations
- Avances en compte courant aux *immobilisations financières non contrôlées* et créances rattachées (+)
  moins dépréciations

= Total II (immobilisations financières)

III - Actifs d'exploitation

Actifs d'exploitation autres que créances, valeurs de placement et disponibilités

- Actifs immobilisés (+)
- Immobilisations financières autres que les titres de participation (dépôt de garantie) (+)
  moins dépréciations

Créances

- Créances sur locataires et comptes rattachés (+)

- Autres créances (+)
- Provisions pour dépréciation (−)

Valeurs de placement et disponibilités

- Valeurs mobilières de placement (+)
- Fonds de remboursement (+)
- Autres disponibilités (+)

= Total III (actifs d'exploitation)

IV - Passifs d'exploitation
Provisions pour risques et charges (−)
Dettes (−)
= Total IV (passifs d'exploitation)

V - Comptes de régularisation
Charges constatées d'avance (+)
Produits constatés d'avance (−)
Autres comptes de régularisation (frais d'émission d'emprunts) (+)
= Total V (comptes de régularisation)

Capitaux propres comptables = total des valeurs bilantielles (I + II + III + IV + V)

d) Les placements immobiliers

Nous rappelons que les actifs figurent en comptabilité à leur coût historique. Celui-ci ne fait l'objet d'aucune révision à la hausse pour tenir compte d'une éventuelle appréciation. En ce qui concerne d'éventuelles dépréciations, les placements immobiliers se rangent dans deux catégories :

– ceux ne faisant l'objet d'aucun amortissement ni d'aucune dépréciation, en dehors de circonstances exceptionnelles où la dépréciation comptabilisée sur l'actif a pour contrepartie une écriture dans un compte de réserves réduisant les capitaux propres au passif ;

– ceux faisant l'objet d'amortissements et d'éventuelles dépréciations avec pour contrepartie une écriture réduisant le résultat de la société.

- **Placements immobiliers dont les dépréciations, ne pouvant intervenir qu'à titre exceptionnel, réduisent les capitaux propres au passif**

Il s'agit des terrains et constructions locatives ainsi que des titres financiers contrôlés.

Terrains et constructions locatives : chaque immeuble ou partie d'immeuble est comptabilisé à son coût d'acquisition. Les immeubles et terrains ne font l'objet ni d'amortissement, ni de dépréciation. Cependant, dans le cas exceptionnel « de destruction significative de l'immeuble » ou de « destruction physique significative du placement immobilier représenté par le droit réel », une dépréciation doit être comptabilisée avec pour contrepartie un compte de réserves au passif (articles 131-14 et 131-33, ANC 2016). Dans cette hypothèse, le montant de la dépréciation est porté au crédit des comptes d'actif 291 « Dépréciation des immobilisations locatives » ou 290 « Dépréciation des immobilisations incorporelles » (cf. note ci-dessous) et au débit du compte de passif 1059 « Écarts sur dépréciation des immeubles locatifs ». Tous ces comptes sont des comptes de bilan ; ces écritures réduisent les capitaux propres de la société, mais n'ont pas d'influence sur son résultat.

Note : l'article 131-11 du règlement ANC n° 2016-03 précise que « l'acquisition d'un droit réel [...] constitue une immobilisation incorporelle ».

Titres financiers contrôlés : aux termes de l'article 131-40 du règlement précité, il s'agit des parts ou actions de sociétés ou organismes, mentionnés aux 2°, [2° bis] ou 3° de l'article L214-115, dans lesquels la SCPI dispose de l'une des prérogatives mentionnées à l'article R214-156, comme la détention directe ou indirecte de la majorité des droits de vote dans ces sociétés ou organismes ou la désignation pendant deux exercices successifs de la majorité des membres de leurs organes d'administration, de direction ou de surveillance. La SCPI exerce le contrôle de façon exclusive ou conjointement avec d'autres SCPI ou organismes mentionnés à l'alinéa 3° de l'article L214-115 gérés par la même société de gestion ou une société de son groupe.

Postérieurement à leur date d'entrée dans le patrimoine de la SCPI, les immobilisations financières contrôlées sont évaluées selon les dispositions comptables applicables aux terrains et constructions locatives, prévoyant l'absence d'amortissement et de dépréciation (article 131-42, ANC 2016). Elles peuvent, néanmoins, dans le cas exceptionnel de perte de valeur significative, donner lieu à la comptabilisation d'une dépréciation, portée au crédit du compte 2961 « Dépréciation des participations contrôlées » à l'actif, avec pour contrepartie le débit d'un compte d'écarts sur dépréciation dans les capitaux propres au passif.

▪ **Provisions pour gros entretien et actifs faisant l'objet d'amortissements et d'éventuelles dépréciations réduisant le résultat de la société**

Outre les provisions pour gros entretien, nous examinons les postes « constructions sur sol d'autrui », « concessions », « droits réels temporaires », « mobilier », « installations générales, agencements et aménagements ».

Provisions pour gros entretien : chaque SCPI établit une prévision des dépenses nécessaires au maintien en l'état de ses immeubles sur une période de cinq ans, hors dépenses courantes d'entretien et de maintenance. Les dépenses figurant dans ce plan, à l'exception des dépenses de remplacement, font l'objet d'une provision (compte 1572 « Provisions pour gros entretien »). La dotation inscrite en charge dans le compte de résultat de l'exercice (compte 6825 « Dotation aux provisions pour grosses réparations ») se calcule en répartissant de manière linéaire le coût des travaux entre la date de clôture de l'exercice et la date prévisionnelle de réalisation des travaux et se détermine par différence entre la provision ainsi calculée et la provision de la période antérieure. Lorsque la dépense est effectuée, la provision est reprise et la dépense réelle passée en charge (compte 6048 « Travaux de gros entretien »). Ces provisions sont également reprises lorsqu'elles deviennent sans objet, par exemple lors de la cession de l'immeuble.

Constructions sur sol d'autrui, concessions, droits réels temporaires : les constructions sur sol d'autrui et les concessions sont amorties sur leur durée d'utilisation estimée, limitée à leur durée contractuelle ou légale. Le même traitement comptable est appliqué aux droits réels temporaires, comme l'usufruit.

Mobilier et « installations générales, agencements, aménagements » : ces éléments d'actif doivent être amortis s'ils ont été acquis séparément de l'immeuble.

e) Les immobilisations financières

Nous examinons ci-dessous les immobilisations financières non contrôlées ainsi que les comptes courants et comptes rattachés.

Immobilisations financières non contrôlées : à leur date d'entrée dans le patrimoine de la SCPI, les actions et parts des entités non contrôlées sont comptabilisées à leur coût d'acquisition. Ultérieurement, ces titres sont valorisés à leur valeur d'utilité « représentant ce que l'entité accepterait de décaisser pour obtenir cette participation si elle avait à l'acquérir » (article 221-3, ANC 2014). Si à la date de clôture la valeur d'utilité est inférieure au prix d'acquisition, une dépréciation est comptabilisée en charges financières (au compte de résultat), en contrepartie du compte « dépréciation des participations non contrôlées » (à l'actif du bilan). Si, au contraire, elle lui est supérieure, aucune écriture n'est enregistrée.

Comptes courants et créances rattachées : nous rappelons que figurent sous cette rubrique l'ensemble des avances en compte courant consenties par la SCPI, aux entités contrôlées ou non contrôlées. À leur date de constitution, les comptes courants et créances rattachées sont comptabilisés pour leur montant nominal, quelle que soit leur date d'échéance. En cas d'évolution défavorable de la situation de la filiale ou de la participation, de ses perspectives, de sa rentabilité ou de sa trésorerie, une dépréciation est comptabilisée en charges financières, en contrepartie du compte « dépréciation des avances en compte courant ».

f) Les postes de passif

Nous examinons la comptabilisation des dettes, la création de parts sociales nouvelles et les retraits.

Dettes : la SCPI comptabilise les emprunts à leur valeur contractuelle de remboursement, à savoir le capital restant dû, augmenté des intérêts courus.

Création de parts sociales nouvelles : elles sont souscrites moyennant le paiement par chaque souscripteur, en sus du montant nominal des parts, d'une prime d'émission destinée :

- à couvrir les frais que la société a engagés pour la prospection des nouveaux capitaux, les coûts d'augmentation de capital y compris la commission versée à la SG, les frais de recherche des immeubles que l'augmentation de capital est destinée à financer et les droits ou les taxes grevant leur prix d'acquisition ;
- et, de façon à sauvegarder les intérêts des associés existants, couvrir le supplément de valeur que les parts existantes présentent par rapport à leur montant nominal.

Pour chaque part nouvellement émise, il est prélevé sur la prime d'émission et affecté au compte « report à nouveau » le montant permettant, pour chacune des parts anciennes ou nouvelles, le maintien du niveau unitaire (« par part ») du report à nouveau existant.

Retraits : lors du remboursement de parts, le capital de la SCPI est réduit à hauteur de la valeur nominale des parts qui appartenaient aux associés quittant la société. « De plus, la prime d'émission pour son montant net de début d'exercice et les plus ou moins-values de cession d'immeubles sont réduites à hauteur de la quote-part appartenant aux porteurs de parts remboursés » (article 134-31, ANC 2016).

Sous-section 2 – Le compte de résultat

En étudiant l'actif du bilan, nous avons vu que la contrepartie des dépréciations de valeur dont peuvent faire l'objet, dans des cas exceptionnels, les terrains et constructions locatives, les placements immobiliers représentés par un droit réel et les titres financiers contrôlés, était portée dans un compte de réserves au passif (« Écarts sur dépréciation ») et non dans le compte de résultat. Ce dernier n'enregistre que les dotations aux amortissements et dépréciations pratiqués sur les droits temporaires (constructions sur sol d'autrui, concessions, usufruit), le mobilier et les installations générales, agencements et aménagements.

En outre, comme nous le verrons dans la sous-section 3 ci-après, les plus ou moins-values provenant de la cession de terrains ou constructions locatives, de droits réels relatifs à des constructions locatives ou de parts ou actions d'entités contrôlées à caractère immobilier ne sont pas inscrites dans le compte de résultat mais sont portées directement dans un compte de réserves au passif du bilan (« Plus ou moins-values réalisées sur immeubles locatifs ou sur cession de titres contrôlés »).

Dans le compte de résultat, chaque catégorie de produits est regroupée avec les charges de même nature, ce qui permet de dégager des résultats catégoriels : résultat de l'activité immobilière (paragraphe a), résultat d'exploitation autre que l'activité immobilière (paragraphe b), résultat financier (paragraphe c) et résultat exceptionnel (paragraphe d). La somme de ces différents résultats catégoriels donne le résultat net (paragraphe e).

a) Le résultat de l'activité immobilière

Ce résultat catégoriel regroupe les produits et les charges afférents aux placements immobiliers. Nous mentionnons son contenu, puis nous expliquons certains postes.

Le résultat de l'activité immobilière comprend les postes suivants :

– En produits :

- loyers facturés et « charges facturées » relatifs aux immeubles détenus en direct ;
- dividendes reçus des entités contrôlées à caractère immobilier ;

- reprises d'amortissements afférents aux constructions sur sol d'autrui, aux concessions, aux droits réels temporaires, aux « installations générales, agencements et aménagements » ;
- reprises de provisions pour dépréciation d'actifs immobiliers ;
- autres produits immobiliers et transferts de charges immobilières.

– En charges :

- charges sur immeubles détenus en direct : « charges ayant leur contrepartie en produits », travaux de gros entretien, dépenses courantes d'entretien et de maintenance, dotations aux provisions pour gros entretien, dotations aux provisions pour dépréciation d'actifs immobiliers ;
- dotations aux amortissements afférents aux constructions sur sol d'autrui, aux concessions, aux droits réels temporaires, aux « installations générales, agencements et aménagements » ;
- autres charges immobilières (dont commission de souscription versée par la SCPI à la SG, cf. paragraphe b) ci-après) ;
- charges sur parts et actions des entités contrôlées à caractère immobilier.

Nous précisons ci-après le contenu des postes « charges facturées », « charges ayant leur contrepartie en produits », « gros entretien » et « autres charges immobilières ».

Charges facturées et charges ayant leur contrepartie en produits : ces deux postes ont le même contenu. Ils comprennent les charges locatives et les charges immobilières, qui sont inscrites à la fois en charges (charges ayant leur contrepartie en produits) et en produits (charges facturées). Les charges locatives correspondent à des montants que le propriétaire (la SCPI) a réglés, d'où leur inscription en charges, mais dont il demande le remboursement aux locataires parce qu'elles incombent à ces derniers, d'où le fait qu'elles soient également inscrites en produits. Il s'agit par exemple des factures d'eau, d'électricité, des taxes et redevances liées à l'usage du local ou de l'immeuble ou à un service dont le locataire bénéficie directement ou indirectement. Les charges immobilières sont des charges incombant normalement au propriétaire, mises contractuellement à la charge des locataires.

Gros entretien : lors de l'étude de l'actif, nous avons mentionné les provisions pour gros entretien, calculées sur la base des prévisions de dépenses nécessaires au maintien en l'état des immeubles sur une période de cinq ans, hors dépenses courantes d'entretien et de maintenance.

Le compte « travaux de gros entretien » représente la charge des travaux réalisés durant l'exercice. La réalisation de ces travaux entraîne la reprise (l'annulation) de la provision qui avait été constituée.

Le compte « dotations aux provisions pour gros entretien » représente la charge comptabilisée au titre de l'exercice pour les travaux futurs.

Autres charges immobilières : elles comprennent notamment les intérêts versés par la SCPI au titre des emprunts souscrits pour l'acquisition d'actifs à caractère immobilier.

Les dépréciations sur créances locatives sont comptabilisées en charges de l'activité immobilière (article 141-25, ANC 2016).

b) Le résultat d'exploitation autre que l'activité immobilière

Ce résultat catégoriel reflète les produits et les charges engendrés par le fonctionnement de la SCPI autres que ceux liés aux actifs immobiliers.

Les commissions versées par la SCPI à la société de gestion (SG) sont enregistrées en charges d'exploitation autre que l'activité immobilière, quel que soit leur mode de calcul.

Toutefois, par exception, la commission de souscription versée par la SCPI à la SG est comptabilisée en résultat de l'activité immobilière. À la clôture de l'exercice, la SCPI peut, si les statuts le prévoient, décider d'imputer cette commission de souscription sur la prime d'émission.

c) Le résultat financier

Seuls les dividendes reçus des participations non contrôlées sont inclus dans le résultat financier ; ceux reçus de participations contrôlées font partie du résultat de l'activité immobilière.

En revanche, l'ensemble des intérêts perçus ou réglés par la SCPI au titre des avances en compte courant qu'elle a consenties ou dont elle bénéficie sont inclus dans le résultat financier, que l'entité bénéficiaire de l'avance ou ayant accordé l'avance en compte courant soit contrôlée ou non contrôlée.

Figurent dans le résultat financier les dotations aux provisions pour dépréciation des immobilisations financières non contrôlées et celles pour dépréciation des comptes courants et créances rattachées. En ce qui concerne les intérêts d'emprunt, ne sont pris en compte que ceux relatifs à des emprunts souscrits pour l'acquisition d'actifs autres que des actifs à caractère immobilier.

Les plus ou moins-values provenant de la cession de titres non contrôlés sont comptabilisées en résultat financier (article 132-13 ANC 2016).

d) Le résultat exceptionnel

« Le résultat exceptionnel est la somme des produits nets de charges [...] qui n'ont été comptabilisés ni dans le résultat de l'activité immobilière, ni dans le résultat d'exploitation autre que l'activité immobilière, ni dans le résultat financier » (article 123-40, ANC 2016).

Nous rappelons que les plus ou moins-values réalisées à l'occasion de la cession de terrains ou constructions locatives, de droits réels relatifs à des constructions locatives ou de parts ou actions d'entités contrôlées à caractère immobilier, ne figurent pas dans le compte de résultat, mais sont enregistrées au passif dans un compte de réserves.

e) Le résultat net

C'est la somme des quatre résultats catégoriels précédents. Il n'y a pas de poste « impôt sur les sociétés » puisque la SCPI se situe en dehors du champ d'application de cet impôt.

Sous-section 3 – Le tableau de variation des capitaux propres

Ce document fait apparaître les mouvements intervenus au cours de l'exercice (affectation du résultat de l'exercice précédent et autres mouvements) à l'origine du nouveau montant de capitaux propres constaté en fin d'exercice. Nous mentionnons ci-après les divers éléments constitutifs des capitaux propres (paragraphe a), puis nous donnons un exemple de fonctionnement de leur tableau de variation (paragraphe b).

a) Composition des capitaux propres

Les capitaux propres sont constitués :

- du capital social, des primes d'émission ou de fusion, des réserves, du report à nouveau et du résultat de l'exercice ;
- du compte « écarts sur dépréciation des immeubles locatifs (et immobilisations financières contrôlées) » ;
- du fonds de remboursement prélevé sur le résultat distribuable ;
- des plus ou moins-values provenant de la cession de terrains ou de constructions locatives, de droits réels relatifs à des constructions

locatives ou de parts ou actions d'entités contrôlées à caractère immobilier. Ces plus ou moins-values ont la nature de gain ou de perte en capital. Elles ne transitent pas par le compte de résultat, mais sont comptabilisés directement dans un compte de réserves (compte 108 « Plus ou moins-values réalisées sur immeubles locatifs » ou compte 1081 « Plus ou moins-values réalisées sur cession de titres contrôlés »). Le solde créditeur (positif) de ce compte peut être distribué sur décision de l'assemblée générale ;

- le cas échéant de l'écart de réévaluation. Lors d'une réévaluation, la valeur vénale de chaque immeuble est comparée à son coût historique. La somme des écarts permet de dégager un écart global positif (une plus-value latente) ou négatif (une moins-value latente). L'écart de réévaluation qui constate une plus-value latente est indisponible. Il ne peut être incorporé au capital, ni être utilisé pour compenser des pertes (article 134-20, ANC 2016).

b) Exemple de fonctionnement du tableau des capitaux propres

Nous prenons l'exemple de la SCPI Sidonie, dont les capitaux propres qui s'élevaient à 720 millions d'euros à la clôture de l'exercice N−1 s'établissent à 750 millions d'euros à la clôture de l'exercice N. Au cours de l'exercice N, les opérations suivantes sont intervenues :

– Approbation d'un dividende de 32 millions d'euros au titre de l'exercice N−1 prélevé sur le résultat de cet exercice (27) et le report à nouveau (5) ; ce dividende avait été entièrement distribué sous forme d'acomptes au cours de l'exercice N−1 ;

– Souscription nette (souscriptions moins retraits) de 51 millions d'euros répartie entre montant nominal des parts (26) et prime d'émission (25) ;

– Prélèvement d'un montant de 14 millions d'euros sur la prime d'émission destiné au règlement des frais d'augmentation de capital et d'acquisition de biens immobiliers engagés durant l'exercice N ;

– En outre un montant d'1 million d'euros est prélevé sur la fraction de la prime d'émission provenant des nouveaux souscripteurs, afin de maintenir le niveau unitaire du report à nouveau (au titre de chaque part) ; cette opération est destinée à éviter que la création de parts nouvelles ne dilue le report à nouveau au préjudice des parts existantes ;

– Versement aux porteurs de parts quittant la société de la quote-part leur revenant au titre des plus-values réalisées et distribution en cours d'exercice N du solde de ce compte aux associés (anciens et nouveaux).

– Constatation d'un résultat de 29 millions d'euros au titre de l'exercice N ; des acomptes sur dividendes ont été versés à hauteur de 33 millions d'euros au cours de l'exercice N.

Le tableau de variation des capitaux propres de la SCPI au titre de l'exercice N se présente comme suit.

Tableau 3.2. - SCPI Sidonie - Variation des capitaux propres – exercice N - (en millions d'euros)

	Clôture N-1	Décision AG	Autres	Clôture N
Capital souscrit	453		26	479
Primes	310		25	335
Prélèvements sur primes	– 81		– 14 – 1	– 96
Plus ou moins-values réalisées	3		-3	0
Réserves	19			19
Report à nouveau	21	– 5	1	17
Résultat en instance d'affectation	27	– 27		0
Résultat de l'exercice			29	29
Acomptes	– 32	32	– 33	– 33
Total général	720	0	30	750

Sous-section 4 – Les autres documents annuels

Nous rappelons qu'il s'agit de l'état hors bilan et de l'annexe.

L'état hors bilan : ce document mentionne les engagements et les garanties que la SCPI a reçus ou donnés, le montant des dettes garanties par les sûretés (nantissements, hypothèques) qu'elle a consenties sur ses placements immobiliers, les acquisitions en l'état futur d'achèvement (VÉFA) auxquelles elle a procédé, les engagements d'achat qu'elle a pris.

Les immeubles sous promesse d'achat, n'ayant pas encore été acquis par la SCPI et n'étant pas non plus sous son contrôle, ne peuvent figurer dans son patrimoine. Ils font l'objet d'une information dans l'état hors bilan. Il en est de même des immeubles acquis en VÉFA, bien que dans ce contrat le vendeur transfère immédiatement à l'acquéreur ses droits sur le sol et la propriété des constructions existantes et, au fur à mesure de leur exécution, les ouvrages à venir (article 1601-3 du Code civil).

L'annexe fournit les précisions nécessaires à la clarté et à la sincérité de l'information figurant dans les autres documents, par exemple, la composition détaillée des comptes (immeubles, créances, dettes, provisions pour risques et charges, etc.), les modalités d'évaluation des actifs et des passifs ainsi que les modalités de comptabilisation des amortissements et dépréciations.

CHAPITRE 4
CARACTÉRISTIQUES GÉNÉRALES DES OPCI GRAND PUBLIC (SPPICAV ET FPI)

L'ordonnance n°2005-1278 du 13 octobre 2005 a créé les organismes professionnels de placement collectif immobilier (OPPCI) et les organismes de placement collectif immobilier (OPCI).

Les OPPCI relèvent des articles L214-148 et suivants du CMF. La détention de parts ou actions de ces organismes est réservée aux clients professionnels mentionnés à l'article L533-16 du CMF ainsi qu'aux investisseurs étrangers appartenant à une catégorie équivalente sur le fondement du droit de leur pays.

Nous nous intéressons dans cet ouvrage aux OPCI, régis par les articles L214-33 et suivants du CMF, ouverts au grand public. Comme les SCPI, les OPCI acquièrent ou font construire des immeubles qu'ils donnent en location ou détiennent des parts ou actions d'entités ayant le même objet. Hormis les actifs immobiliers acquis en nue-propriété dans le cadre de l'usufruit locatif social (articles L253-1 et suivants du Code de la construction et de l'habitation), les immeubles ne peuvent être acquis uniquement en vue de leur revente. La particularité des OPCI par rapport aux SCPI est de comporter un objet accessoire, consistant en la gestion d'instruments financiers et de dépôts.

La composition de l'actif des OPCI est soumise à des quotas. À l'intérieur de ce cadre, un OPCI peut comporter 95 % d'actifs à caractère immobilier (« OPCI pur ») ou 60 % d'actifs à caractère immobilier (ce qui est le minimum) et 35 % d'actifs à caractère financier (« OPCI diversifié »). À hauteur de 5 % au moins, l'actif de l'OPCI doit être constitué de dépôts remboursables à tout moment, d'instruments financiers à caractère liquide ou de liquidités, libres de toutes sûretés et droits au profit de tiers.

Les OPCI revêtent soit la forme de sociétés de placement à prépondérance immobilière à capital variable (SPPICAV) soit celle de fonds de placement immobilier (FPI). Ces derniers sont des copropriétés d'actifs immobiliers, d'instruments financiers et autres actifs, non dotées de la personnalité morale. Comme les SCPI, les OPCI (SPPICAV ou FPI) ne sont pas cotés en bourse.

Exonération ou non-assujettissement à l'IS et obligations de distribution : les SPPICAV sont exonérées d'IS par l'article 208, 3° nonies du Code général des impôts à condition de respecter les obligations de distribution contenues dans l'article L214-69, paragraphe II, CMF. Les FPI se situent en dehors du champ d'application de l'IS. Le CMF les soumet à des obligations de distribution dans son article L214-81, paragraphe II. Les obligations de distribution des OPCI sont calculées sur la base de leurs comptes annuels.

Ce chapitre est consacré aux caractéristiques générales des OPCI grand public : leur création et leur organisation (section 1), les droits pécuniaires et la responsabilité de leurs actionnaires ou porteurs de parts (section 2), l'information préalable à la souscription des parts ou actions (section 3), les modalités de souscription et de rachat de ces parts ou actions (section 4). Par ailleurs, les OPCI appliquent un plan comptable particulier (section 5). Enfin, ils doivent présenter un actif net minimal (section 6).

Le chapitre 5 relatif aux SPPICAV et le chapitre 6 relatif aux FPI sont consacrés à la composition du patrimoine, aux comptes annuels et aux obligations de distribution de ces entités.

SECTION 1 – Création et organisation de l'OPCI

La constitution d'un OPCI est soumise à l'agrément de l'Autorité des marchés financiers (AMF). Le dossier de demande d'agrément « décrit notamment la politique d'investissement qu'entend mener [l'OPCI] ainsi que ses choix de financement, notamment le recours à l'endettement » (article L214-35 du CMF).

Une société de gestion désignée dans les statuts (SPPICAV) ou le règlement du fonds (FPI) assure la gestion de l'OPCI. Un dépositaire, choisi sur une liste d'entités arrêtée par le ministre chargé de l'Économie, vérifie la propriété de l'OPCI sur ses actifs, contrôle les flux de liquidités ainsi que la conformité des décisions prises par la société de gestion au regard de la réglementation et des documents de l'OPCI (article L214-24-8, CMF).

L'organisation juridique de l'OPCI diffère suivant que celui-ci est une SPPICAV (sous-section 1) ou un FPI (sous-section 2).

Sous-section 1 - L'organisation de la SPPICAV

Les SPPICAV revêtent la forme de sociétés anonymes (SA) ou de sociétés par actions simplifiées pluripersonnelles (SAS).

Les SA sont dotées soit d'un conseil d'administration, soit d'un directoire et d'un conseil de surveillance. Dans le premier cas, la direction générale de la société est assurée par le président du conseil d'administration, à moins que les statuts ne prévoient la désignation d'un directeur général. En outre, un ou plusieurs directeurs généraux délégués peuvent être chargés d'assister le président du conseil d'administration, lorsqu'il assure la direction générale de la société, ou le directeur général. Dans l'autre forme de société anonyme, la direction de la société est exercée par un directoire, dont les membres sont nommés par le conseil de surveillance, qui confère à l'un d'eux la qualité de président. Lorsque les fonctions dévolues au directoire sont exercées par une seule personne, celle-ci porte le nom de directeur général unique.

Dans une SPPICAV, les fonctions de directeur général, de directeur général délégué, de président du directoire ou de directeur général unique sont exercées par la société de gestion (article L214-63, alinéa 1er, du CMF).

Quant à la SAS, celle-ci est représentée à l'égard des tiers par un président qui peut être une personne morale. Dans une SPPICAV constituée sous la forme de SAS, la fonction de président est exercée par la société de gestion (article L214-63, alinéa 2).

Pour l'exercice des fonctions mentionnées ci-dessus, la société de gestion désigne un représentant permanent (article L214-63, alinéa 3).

Les actionnaires de SPPICAV, qu'il s'agisse de SA ou de SAS, se réunissent en assemblée générale pour la prise de certaines décisions, en particulier l'approbation des comptes annuels.

Le siège social et l'administration centrale de la société sont situés en France.

Sous-section 2 - L'organisation du FPI

Les fonds de placement immobilier n'ont pas la personnalité morale. Ce sont des copropriétés d'actifs immobiliers, d'instruments financiers et autres actifs. Les dispositions du Code civil relatives à l'indivision ou aux sociétés en participation ne s'y appliquent pas.

La société de gestion représente le FPI à l'égard des tiers.

Les porteurs de parts élisent parmi eux un conseil de surveillance composé de deux membres au moins et de neuf membres au plus, qui se réunit au moins deux fois par exercice. Le conseil de surveillance peut demander toute information utile à la société de gestion. Il rend compte de sa mission dans des rapports tenus à la disposition des porteurs de parts.

Il ne peut s'immiscer dans la gestion du fonds. Ses membres sont responsables des fautes personnelles commises dans l'exécution de leur mandat mais, en l'absence d'immixtion dans la gestion, ils n'encourent aucune responsabilité à raison des actes de la gestion et de leur résultat.

L'administration centrale du FPI est située en France.

SECTION 2 – Statut des détenteurs de parts ou actions

Les investisseurs reçoivent des actions dans une SPPICAV et des parts dans un FPI. Un même OPCI peut comporter plusieurs compartiments ou plusieurs catégories de parts ou actions, donnant des droits pécuniaires différents à leurs détenteurs (sous-section 1). Ceux-ci n'encourent qu'une responsabilité limitée (sous-section 2).

Sous-section 1 - Nature des droits pécuniaires conférés par la détention de parts ou actions

Les statuts de la SPPICAV ou le règlement du FPI peuvent prévoir l'existence de plusieurs compartiments. Sauf stipulation contraire des statuts ou du règlement, les actifs d'un compartiment déterminé ne répondent que des dettes, engagements et obligations et ne bénéficient que des créances qui concernent ce compartiment (article L214-85 CMF).

Au sein d'un même OPCI ou d'un même compartiment, il est possible de créer plusieurs catégories de parts ou d'actions. Ces différentes catégories se différencient par le fait qu'elles :

- sont libellées en devises différentes ;
- supportent des frais de gestion différents ;
- supportent des commissions de souscription et de rachat différentes ;
- ont une valeur nominale différente ;
- sont assorties de la couverture systématique partielle ou totale d'un facteur de risque, en supplément le cas échéant du risque de change ;
- sont réservées à un ou plusieurs réseaux de commercialisation ;
- ou encore sont réservées à une catégorie d'investisseurs en fonction de critères objectifs tels qu'un montant de souscription, une durée minimum de placement ou tout autre engagement de l'investisseur (article 422-23 RG AMF sur renvoi de son article 422-127).

Enfin, « les parts ou actions d'un OPCI peuvent donner lieu à des droits différents sur [son] actif net ou [ses] produits dans les conditions prévues par le règlement général de l'AMF » (article L214-61-1, dernier alinéa, CMF, tel que modifié par l'ordonnance n° 2024-662 du 3 juillet 2024).

Sous-section 2 - Responsabilité des actionnaires ou porteurs de parts

Dans les SPPICAV, sous forme de SA ou de SAS, les associés ne supportent les pertes qu'à concurrence de leurs apports (article L225-1 et L227-1 du Code de commerce).

« Les porteurs de parts [de FPI] ne sont tenus des dettes de la copropriété qu'à concurrence de l'actif du fonds et proportionnellement à leur quote-part » (article L214-83, dernier alinéa, CMF).

Les créanciers d'un OPCI n'ont d'action que sur ses actifs (article L214-46, CMF).

SECTION 3 - Information préalable à la souscription

La SG publie sur son site internet le prospectus, la valeur liquidative, le dernier rapport annuel et le dernier document d'information périodique (article 422-182 RG AMF). L'objet du prospectus est de fournir aux investisseurs l'ensemble des « renseignements nécessaires [leur permettant de] juger en pleine connaissance de cause l'investissement qui leur est proposé, et notamment les risques inhérents à celui-ci ». Le contenu du prospectus et les informations à mettre à la disposition des investisseurs, avant qu'ils n'investissent dans l'OPCI, sont précisés dans l'instruction AMF du 21 décembre 2011, modifiée le 28 mars 2024 (AMF, 2011).

En outre, préalablement à la souscription, l'établissement qui commercialise les parts ou actions remet au futur souscripteur un document d'informations clés (DIC) conforme aux prescriptions du règlement PRIIP. Lors de l'étude des SCPI, nous avons mentionné le contenu de ce document précontractuel, dont la remise est obligatoire avant toute souscription d'un placement collectif (cf. chapitre 2, section 2, sous-section 1). Le règlement général de l'AMF rappelle qu'outre les informations relatives aux éléments essentiels de l'OPCI, le DIC contient « le profil de risque [de l'investissement] au regard de la rémunération [recherchée], y compris des orientations et des mises en garde appropriées » (article 422-68 RG AMF sur renvoi de son article 422-177).

SECTION 4 – Modalités de souscription et de rachat des actions et des parts

Nous examinons la notion de valeur liquidative (sous-section 1), la procédure de souscription ou de rachat des parts et actions (sous-section 2), puis différentes hypothèses de suspension, plafonnement ou blocage des rachats (sous-section 3).

Sous-section 1 - La notion de valeur liquidative

La valeur liquidative d'une action ou d'une part est obtenue en divisant l'actif net de l'OPCI par le nombre total d'actions ou de parts émises.

Note : l'actif net (ou capitaux propres) correspond à la valeur de l'actif de l'OPCI diminuée du montant des postes de passif envers les tiers (provisions pour risques et charges, passifs liés aux actifs à caractère immobilier, instruments financiers passifs, dettes).

Les OPCI publient leur valeur liquidative au minimum une fois tous les six mois et au maximum deux fois par mois. Lorsque la périodicité est supérieure à trois mois, l'OPCI publie, au moins tous les trois mois, une valeur estimative qui ne peut servir de base aux souscriptions-rachats. Dès qu'une valeur liquidative est publiée, les souscriptions et les rachats de parts ou d'actions sont effectués sur la base de cette valeur (article 422-186, RG AMF).

Sous-section 2 - Procédure de souscription ou de rachat

L'OPCI émet des actions ou des parts ou rachète celles qu'il a émises sur la base de la première valeur liquidative établie après la date limite de centralisation des demandes de souscription ou de rachat (article 422-128 RG AMF). Il en résulte que l'investisseur, au moment où il effectue sa demande de souscription ou de rachat, n'en connaît pas le prix (souscription ou rachat « à cours inconnu »).

Le prix à régler par l'investisseur, au titre de la souscription à des actions ou à des parts nouvelles, est constitué de la valeur liquidative majorée d'une commission de souscription. Celle-ci comprend une part variable acquise à l'OPCI destinée à couvrir les frais et les taxes relatifs à l'acquisition, la construction ou la cession d'actifs immobiliers relevant des alinéas 1° à 3° de l'article L214-36 (immeubles locatifs ou parts ou actions de sociétés immobilières non cotées). Une commission de souscription non acquise à l'OPCI peut revenir à la SG et aux personnes chargées de la commercialisation des parts et actions.

Les actions et les parts sont rachetées sur la base de la valeur liquidative, diminuée le cas échéant des commissions de rachat.

Les souscriptions d'actions de SPPICAV et de parts de FPI sont dispensées de tout droit d'enregistrement (articles 825 alinéa 1er et 832 A du CGI).

Il en est de même des cessions et rachats de parts ou actions. Par exception, il est perçu un droit d'enregistrement au taux de 5 % :

– en cas de cession, lorsque l'acquéreur personne physique détient, ou détiendra à la suite de son acquisition, plus de 10 % des parts ou actions de l'OPCI ;

– en cas de rachat par l'OPCI des parts ou actions qu'il a émises, lorsque l'actionnaire ou le porteur de parts qui demande le rachat dépasse ce seuil.

Lorsque l'actionnaire ou porteur de parts est une personne morale ou un fonds, le seuil applicable est de 20 %. Le droit d'enregistrement ne s'applique pas lorsque l'actionnaire ou porteur de parts est lui-même un OPCI (articles 730 quinquies, 825 alinéa 2 et 749 du CGI).

Le prospectus et le document d'information clé indiquent « le délai maximal entre la date de centralisation de l'ordre de souscription ou de rachat et la date de livraison ou de règlement des parts ou actions par le dépositaire. Ce délai ne peut excéder six mois » (article 422-130 RG AMF). Cependant, il existe plusieurs situations dans lesquelles les souscriptions peuvent être fermées ou les rachats suspendus, plafonnés ou bloqués.

Sous-section 3 - Hypothèses de fermeture des souscriptions, de suspension, plafonnement ou blocage des rachats

Nous examinons ces différentes hypothèses.

Fermeture des souscriptions : le prospectus définit les situations objectives entraînant la fermeture provisoire des souscriptions, notamment lorsque la souscription est limitée à un nombre maximal de parts ou d'actions ou est destinée à financer un montant maximal d'actif et que ces limites sont atteintes. De même, l'OPCI peut cesser d'émettre des parts ou actions lorsqu'il est réservé, par le prospectus, à vingt porteurs au plus ou à une catégorie d'investisseurs dont les caractéristiques sont précisément définies (articles 422-131 et 422-132, RG AMF). En dehors de ces hypothèses, l'arrêt des souscriptions peut résulter simplement de l'expiration d'une période de souscription déterminée.

Suspension ou plafonnement des rachats : le rachat peut être suspendu ou plafonné à titre provisoire par la société de gestion, dans les conditions fixées dans les statuts de la SPPICAV ou le règlement du FPI, quand des circonstances exceptionnelles l'exigent et si l'intérêt de l'ensemble des actionnaires ou porteurs de parts (ou encore celui du public dans le cas d'un plafonnement) le commande (articles L214-67-1 et L214-77, CMF).

Actionnaire ou porteur de parts détenant plus de 20 % et moins de 99 % des actions ou parts de l'OPCI : la demande de rachat émanant d'un actionnaire ou porteur de parts dont le pourcentage de détention se situe à l'intérieur de ces limites peut être suspendue à titre provisoire, et son exécution fractionnée par la SG, dès lors que les statuts ou le règlement de l'OPCI le prévoient et qu'elle excède 2 % du nombre total d'actions ou parts de l'OPCI (articles L214-45, CMF et 422-134, RG AMF).

Blocage des rachats : les statuts ou le règlement peuvent n'autoriser le rachat des actions ou des parts qu'à l'échéance d'un délai (« période de *lock-up* ») ne pouvant excéder 10 ans après la constitution de l'OPCI (article L214-61-1, avant-dernier alinéa, CMF).

Exemple : le prospectus d'un FPI précise que, durant les cinq premières années du FPI, les rachats sont interdits sauf en cas de licenciement, divorce, dissolution d'un PACS, invalidité du porteur de parts correspondant au classement dans la 2° ou la 3° catégorie prévue à l'article L341-4 du Code de la sécurité sociale ou transmission des parts à la suite du décès du porteur initial. À l'issue de la période de blocage de cinq ans, l'exécution des demandes de rachat est plafonnée à 2 % du nombre total de parts du FPI à chaque date de valeur liquidative. Néanmoins, toute demande de rachat est intégralement exécutée dans un délai de 12 mois.

SECTION 5 – Un plan comptable particulier

Les OPCI appliquent le règlement ANC n° 2020-07 du 4 décembre 2020 modifié, relatif aux comptes annuels des organismes de placement collectif à capital variable (ANC, 2020c), sous réserve des dispositions spécifiques aux OPCI contenues dans le règlement ANC n° 2021-09 du 5 novembre 2021 (ANC, 2021). Les comptes annuels comprennent le bilan, le compte de résultat et une annexe.

SECTION 6 – Actif net minimal

Le montant minimal de l'actif net (ou capitaux propres) d'un OPCI s'élève à 500 000 euros. Lorsque l'actif net demeure pendant vingt-quatre mois consécutifs inférieur à ce montant, l'OPCI doit être liquidé à moins qu'il ne bénéficie d'une opération d'apport. Celle-ci peut consister en un apport en numéraire ou en un apport en nature d'actifs immobiliers mentionnés à l'article L214-36 du CMF, c'est-à-dire éligibles à l'actif d'un OPCI. Elle peut également résulter de l'absorption par l'OPCI d'une SCPI ou d'un OPCI de même forme ou de la scission d'une SCPI qui lui transmet une partie de son patrimoine. Lorsque l'OPCI comporte des compartiments, ces dispositions s'appliquent à chaque compartiment (article 422-136, RG AMF).

CHAPITRE 5
LE PATRIMOINE DE LA SPPICAV, SES COMPTES ANNUELS ET SES OBLIGATIONS DE DISTRIBUTION

Nous examinons le patrimoine de la SPPICAV (section 1), son bilan (section 2), son compte de résultat et ses obligations de distribution (section 3).

SECTION 1 – Le patrimoine de la SPPICAV

Le patrimoine d'une SPPICAV est réglementé tant à l'actif (sous-section 1) qu'au passif (sous-section 2).

Sous-section 1 – Règles relatives à la composition de l'actif

Le Code monétaire et financier définit les biens et valeurs pouvant figurer à l'actif d'une SPPICAV (paragraphe a) et fixe de nombreuses règles et quotas (paragraphe b).

a) Biens et valeurs éligibles

L'article L214-36, CMF, énumère limitativement dans ses alinéas 1° à 10° les biens, titres et valeurs admis à l'actif d'une SPPICAV. Ceux-ci se répartissent en trois catégories :

– *La « poche immobilière »* : elle est composée des actifs énumérés aux alinéas 1° à 3° et 5°, qui correspondent à l'immobilier direct ainsi qu'à l'immobilier indirect non coté. Ces actifs sont globalement les mêmes que dans une SCPI. Toutefois, à la différence de cette dernière, la SPPICAV est autorisée à s'engager, en qualité de crédit-preneur, dans des contrats de crédit-bail portant sur des immeubles en vue de les sous-louer.

– *La « poche financière »* : elle est composée des actifs énumérés aux alinéas 4°, 6° et 7°, notamment actions et obligations cotées, instruments financiers à terme, actions de SICAV, parts de fonds communs de placement. La différence la plus importante entre le patrimoine de la SPPICAV et celui de la SCPI réside dans l'existence de cette poche financière, totalement absente dans la SCPI, à l'exception d'un petit nombre d'instruments financiers à terme que la SCPI est autorisée à détenir dans le seul but de protéger ses actifs. Les actifs de l'alinéa 4°, représentés par les actions de sociétés cotées dont l'actif se compose principalement d'immobilier locatif (l'immobilier indirect coté) entrent dans les actifs à caractère immobilier de la SPPICAV mais font partie de sa poche financière.

– *La « poche de liquidités »* : elle se compose des actifs énumérés aux alinéas 8°, 9° et 10°.

- **Poche immobilière**

Actifs des alinéas 1° à 3° et 5°.

Alinéa 1° – Immeubles construits ou acquis en vue de la location, dont la SPPICAV est propriétaire ou sur lesquels elle possède un droit réel, par exemple un usufruit, ou des droits de crédit-preneur dans le cadre de contrats de crédit-bail portant sur de tels biens.

À titre accessoire, les SPPICAV peuvent acquérir, directement ou indirectement, en vue de leur location, des meubles meublants, des biens d'équipement ou tous biens meubles affectés aux immeubles détenus et nécessaires au fonctionnement, à l'usage ou à l'exploitation de ces derniers (« les biens meubles nécessaires à l'usage des immeubles détenus »).

Note : les OPCI (SPPICAV et FPI) disposent, depuis la loi n° 2015-990 du 6 août 2015, de la faculté d'acquérir, à titre accessoire, les biens meubles nécessaires à l'usage des immeubles détenus, selon la définition figurant ci-dessus, alors que cette possibilité n'a été accordée aux SCPI que par l'ordonnance n° 2024-662 du 3 juillet 2024 (cf. chapitre 3).

Depuis l'ordonnance n° 2024-662, les SPPICAV peuvent, également, à titre accessoire, « procéder à l'acquisition directe ou indirecte, l'installation, la location ou l'exploitation de tout procédé de production d'énergies renouvelables, y compris la revente de l'électricité produite » (comme nous l'avons vu, l'ordonnance a également accordé cette faculté aux SCPI).

Alinéa 2° – Participations directes et indirectes dans des sociétés de personnes non cotées répondant aux conditions suivantes :

– Leur actif se compose principalement d'actifs immobiliers locatifs répondant aux critères de l'alinéa 1°, de biens meubles nécessaires à l'usage des immeubles détenus, de tout procédé de production d'énergies renouvelables en vue de la location ou de l'exploitation ou de ces deux finalités ou de participations directes ou indirectes dans des sociétés répondant aux conditions de l'alinéa 2°.

– Les associés répondent du passif au-delà de leurs apports, sans que leur responsabilité soit indéfinie et solidaire. Cette définition recouvre les sociétés civiles immobilières. Cependant, sont également éligibles les sociétés dans lesquelles les associés ne sont tenus du passif que dans la limite de leurs apports en application de l'article L214-89 (SCPI qui ont inséré dans leurs statuts une clause en ce sens) ou en vertu d'une disposition équivalente de droit étranger.

– Les sociétés relevant de cet alinéa 2° doivent être contrôlées par la SPPICAV ou sa société de gestion au sens de l'article R214-83.

Note : Cet article énumère diverses modalités de contrôle, comme la détention directe ou indirecte par la SPPICAV de la majorité des droits de vote ou la désignation par la SPPICAV ou sa société de gestion, pendant deux exercices successifs, de la majorité des membres des organes d'administration, de direction ou de surveillance. La SPPICAV ou sa société de gestion exercent le contrôle de façon exclusive ou conjointement avec des OPCI gérés par la même société de gestion ou une société de son groupe.

Alinéa 3° – Participations directes ou indirectes dans des sociétés de personnes autres que celles mentionnées à l'alinéa 2° ou dans des sociétés autres que des sociétés de personnes, non cotées, contrôlées par la SPPICAV ou sa société de gestion au sens de l'article R214-83 et répondant aux conditions suivantes. La responsabilité des associés ou actionnaires est limitée au montant de leurs apports ; l'actif de ces sociétés se compose à titre principal d'actifs immobiliers locatifs répondant aux critères de l'alinéa 1°, de biens meubles nécessaires à l'usage des immeubles détenus, de tout procédé de production d'énergies renouvelables en vue de la location ou de l'exploitation ou de ces deux finalités, de participations directes ou indirectes dans des sociétés répondant aux critères de l'alinéa 2° ou du présent alinéa 3°.

Alinéa 5° – Parts ou actions d'OPCI ou d'OPPCI et parts, actions ou droits détenus dans des organismes de droit étranger ayant un objet équivalent, quelle que soit leur forme.

- **Poche financière**

Actifs des alinéas 4°, 6° et 7°.

Alinéa 4° – Actions de sociétés cotées dont l'actif se compose principalement d'immeubles acquis ou construits en vue de la location ou de participations directes ou indirectes dans des sociétés répondant aux mêmes conditions.

Alinéa 6° – Titres financiers cotés tels qu'actions, obligations, parts ou actions d'organismes de placement collectif (OPC) ou instruments équivalents de droit étranger négociés sur un marché réglementé reconnu ; instruments financiers à terme mentionnés aux alinéas 1, 5 et 6 de l'article D-211-1 A, CMF (contrats d'option, contrats à terme fermes, contrats d'échange, accords de taux futurs, etc.) conclus par la SPPICAV en vue de protéger ses actifs ou de réaliser son objectif de gestion.

Alinéa 7° – Actions de SICAV (sociétés d'investissement à capital variable) ou parts de fonds communs de placement relevant de la réglementation des OPCVM (organismes de placement collectif en valeurs mobilières) ou de celle des fonds d'investissement à vocation générale ouverts à des investisseurs non professionnels.

- **Poche de liquidités**

Actifs des alinéas 8°, 9° et 10°.

Alinéa 8° – Dépôts dont le terme est inférieur ou égal à douze mois remboursables à tout moment pour une somme au moins égale à la valeur initiale du dépôt (diminuée des éventuels frais et pénalités de remboursement anticipé, mais augmentée des intérêts éventuels) et instruments financiers liquides, par exemple, des bons du Trésor (articles R214-92 et R214-93, CMF).

Alinéa 9° – Liquidités : dépôts à vue effectués auprès du dépositaire et créances d'exploitation (article R214-94, CMF).

Alinéa 10° – Avances en compte courant consenties par la SPPICAV aux sociétés mentionnées aux 2° et 3° dont elle détient directement ou indirectement au moins 5 % du capital social.

b) Quotas et autres règles

Les biens, titres et valeurs figurant à l'actif de la SPPICAV font l'objet de quotas ainsi que de règles de dispersion et de plafonnement des risques, notamment en matière de construction (article L214-36, § I, dernier alinéa CMF). La société de gestion doit, par ailleurs, établir un plan de travaux.

Quotas, règles de dispersion et de plafonnement des risques : les actifs des alinéas 1° à 3° et 5°, qui constituent l'immobilier direct et indirect non coté, doivent représenter au moins 51 % de l'actif. Les actifs des alinéas 1° à 5° (actifs à caractère immobilier), représentés par l'immobilier direct et indirect non coté et l'immobilier indirect coté, doivent représenter au moins 60 % de l'actif. À hauteur de 5 % au moins l'actif doit comprendre des actifs mentionnés aux alinéas 8° et 9° libres de toutes sûretés ou droits au profit de tiers.

Une SPPICAV et les sociétés de l'alinéa 2° ne peuvent détenir d'actions, de parts, droits financiers ou droits de vote dans une entité, quelle que soit sa forme, dont les associés ou membres répondent indéfiniment et solidairement des dettes de l'entité, par exemple, une société en nom collectif.

De nombreuses autres règles figurent dans la partie réglementaire du CMF, aux articles R214-81 et suivants.

Plan de travaux : la SG établit pour les actifs mentionnés à l'alinéa 1° un plan des travaux à effectuer dans les cinq ans, faisant l'objet des mises à jour nécessaires et tenu à la disposition de l'AMF. Lorsque la SG ne respecte pas le plan des travaux, elle en justifie les raisons dans le rapport de gestion présenté aux actionnaires (article 422-164, RG AMF).

Sous-section 2 – Règles relatives à la composition du passif

Nous mentionnons ci-après les emprunts, les emprunts en espèces et l'effet de levier.

Emprunts : une SPPICAV peut contracter des emprunts dans la limite de 40 % de la valeur de ses actifs immobiliers directs et indirects non cotés. Pour l'appréciation de cette limite, sont pris en compte les emprunts souscrits par la SPPICAV elle-même et ceux souscrits par les sociétés et organismes mentionnés aux alinéas 2°, 3° et 5° à concurrence du pourcentage de participation détenu directement ou indirectement par la SPPICAV dans ces sociétés ou organismes. Les avances en compte courant ne sont pas prises en compte. En revanche, il y a lieu d'inclure les dettes résultant des droits détenus en qualité de crédit-preneur afférents à des contrats de crédit-bail immobilier.

La SPPICAV utilise ces emprunts pour financer les opérations entrant dans son objet. Elle peut également les utiliser pour faire face, à titre temporaire, à des demandes de rachat émanant de ses actionnaires (article R214-103, CMF).

Emprunts en espèces : une SPPICAV peut procéder de façon non permanente à des emprunts en espèces dans la limite de 10 % de ses autres actifs, soit les actifs mentionnés aux alinéas 4° et 6° à 10° (les actifs financiers).

Effet de levier : comme les SCPI, les OPCI entrent dans le champ d'application de la directive AIFM 2011/61/UE du 8 juin 2011. Ils recourent à un effet de levier plus important que les SCPI.

SECTION 2 – Le bilan de la SPPICAV

En raison de l'obligation de déterminer périodiquement la valeur liquidative des actions, la comptabilité des SPPICAV déroge au principe du coût historique ; l'ensemble des actifs et des passifs sont valorisés à la valeur actuelle. Nous examinons l'actif du bilan (sous-section 1) puis le passif (sous-section 2).

Sous-section 1 – L'actif du bilan

Nous présentons les rubriques et postes prévus par le règlement ANC n° 2021-09 (paragraphe a). Puis nous précisons les règles de valorisation (paragraphe b).

a) Rubriques et postes d'actif

Les éléments d'actif sont répartis en trois grandes rubriques : actifs à caractère immobilier, dépôts et instruments financiers non immobiliers, autres actifs.

Tableau 5.1. - SPPICAV - actif du bilan

Actifs à caractère immobilier

- Immeubles en cours, construits ou acquis et droits réels
- Droits de crédit-preneur afférents à des contrats de crédit-bail
- Parts de sociétés de personnes de l'article L214-36, 2ème alinéa
- Parts ou actions de sociétés de l'article L214-36, 3ème alinéa
- Actions de sociétés cotées de l'article L214-36, 4ème alinéa
- Parts ou actions d'OPCI et organismes étrangers équivalents de l'article L214-36, 5ème alinéa
- Avances-preneurs consenties dans le cadre d'un crédit-bail
- Autres actifs à caractère immobilier (avances en compte courant dans les filiales ou participations ; dépôts et cautionnements versés)

Dépôts et instruments financiers non immobiliers

- Actions et valeurs assimilées
- Obligations et valeurs assimilées
- Titres de créances
- Actions de SICAV et parts de FCP (OPCVM et FIA)
- Dépôts

- Opérations temporaires sur titres
- Instruments financiers à terme

Autres actifs

- Créances sur locataires
- Autres créances
- Dépôts à vue

b) Règles de valorisation des actifs

Lors de leur acquisition, les actifs des alinéas 1° à 3° et 5° (immobilier direct et indirect non coté) sont valorisés à leur prix d'achat, hors frais d'acquisition. En cours de détention ils sont valorisés à la valeur actuelle selon les dispositions du règlement OPCI. « Celle-ci est déterminée, hors droits de mutation, par la valeur de marché ou, à défaut d'existence de marché, par tous moyens externes ou par recours à des modèles financiers » (article 211-6 ANC 2021).

Les dépôts, les emprunts et les instruments financiers sont valorisés à la valeur actuelle selon les dispositions du règlement sur les OPC à capital variable. Celle-ci est « la valeur probable de négociation, hors frais de cession, sur la base d'appréciations prudentes » (article 131-2 ANC 2020c). Les actions cotées sont valorisées au cours du jour.

La différence entre le prix d'acquisition et la valeur actuelle de l'actif, représentative d'une plus ou moins-value latente, est constatée dans un compte de différence d'estimation.

Au moment où elles sont consenties, les avances en compte courant dans les filiales et participations sont enregistrées à leur montant nominal. En cours de détention, quelle que soit leur échéance, elles restent évaluées à leur montant nominal, majoré des intérêts courus. En cas d'évolution défavorable de la situation de la filiale ou participation, de ses perspectives, de sa rentabilité ou de sa trésorerie, une différence d'estimation est comptabilisée.

Les différences d'estimation sont inscrites à l'actif au regard de l'élément concerné dans un compte dédié (compte 27 ou 37). Le coût historique de l'actif, majoré ou diminué de la différence d'estimation, donne la valeur actuelle apparaissant au bilan de la société. Comme nous le verrons à l'occasion de l'examen du passif, par dérogation au règlement sur les OPC à capital variable, le règlement OPCI précise que la contrepartie des différences d'estimation est inscrite directement au passif dans un compte de capital (compte 105 – « variation des différences d'estimation »). Les différences d'estimation n'influent pas sur le résultat.

Les cautionnements versés sont comptabilisés à leur montant nominal, les créances sur les locataires sur la base des quittancements effectués. Les dépréciations de créances locatives et leurs reprises sont comptabilisées dans le compte de résultat en « autres charges » et « autres produits » de l'activité immobilière.

Sous-section 2 – Le passif du bilan

Nous présentons les rubriques et postes prévus par le règlement ANC n°2021-09 (paragraphe a). Nous précisons ensuite le contenu de la rubrique « capitaux propres » (paragraphe b), la notion de comptes de régularisation (paragraphe c), le traitement comptable d'une participation dans une entité non cotée ayant une valeur négative (paragraphe d) et enfin la valorisation des emprunts (paragraphe e).

a) Rubriques et postes de passif

Le passif du bilan d'une SPPICAV se compose de cinq rubriques : capitaux propres, provisions pour risques et charges, passifs liés aux actifs à caractère immobilier, instruments financiers, dettes.

Tableau 5.2. - SPPICAV – passif du bilan

Capitaux propres (= actif net)

- Capital
- Report à nouveau des plus ou moins-values réalisées nettes antérieures (y compris compte de régularisation)
- Report à nouveau des résultats nets antérieurs (y compris compte de régularisation)
- Résultat de l'exercice (composé du résultat net de l'exercice y compris compte de régularisation et des plus ou moins-values réalisées nettes de l'exercice y compris compte de régularisation)
- En déduction des postes précédents : acomptes versés au cours de l'exercice (y compris compte de régularisation)

Provisions pour risques et charges

Passifs liés aux actifs à caractère immobilier

- Dettes sur actifs acquis moyennant le paiement de rentes viagères
- Provisions sur droits nés de contrats de crédit-bail
- Provisions sur filiales et participations
- Autres passifs liés aux actifs à caractère immobilier

Instruments financiers

- Opérations de cession sur instruments financiers
- Opérations temporaires sur titres
- Instruments financiers à terme

Dettes

- Emprunts envers les établissements de crédit
- Autres emprunts et dettes financières
- Concours bancaires courants
- Dépôts de garantie reçus
- Autres dettes d'exploitation

b) Les capitaux propres

Ils se composent des sommes distribuables et du capital. Nous examinons ces deux notions.

Les sommes distribuables : selon l'article L214-69 paragraphe I du CMF, les sommes distribuables par les SPPICAV au titre d'un exercice sont constituées :

- du résultat distribuable afférent aux produits réalisés par la société qui est égal au résultat net, augmenté du report à nouveau, majoré ou diminué du solde des comptes de régularisation ;
- des plus-values de cession d'actifs réalisées au cours de l'exercice, nettes de frais et diminuées des moins-values nettes de frais réalisées au cours du même exercice, augmentées des plus-values nettes réalisées au cours d'exercices antérieurs n'ayant pas fait l'objet d'une distribution et majorées ou diminuées du solde des comptes de régularisation.

Le capital : selon l'article L214-62, le montant du capital est égal à tout moment à la valeur de l'actif net de la société (c'est-à-dire ses capitaux propres), déduction faite des sommes distribuables définies à l'article L214-69 paragraphe I.

Avant affectation du résultat de l'exercice, le capital se compose des postes suivants :

- le montant des souscriptions nettes des rachats (hors comptes de régularisation) ;
- les commissions de souscription ou de rachat acquises à l'OPCI, à l'exception de la part variable des commissions de souscription destinée à couvrir les frais d'acquisition et de cession des immeubles. Celle-ci est comptabilisée dans un compte de dettes et portée en compte de capital lors de la réalisation des opérations ;
- les frais de constitution, de fusion ou d'apport ;
- les variations de différences d'estimation (compte 105)

Ce poste est la contrepartie des différences d'estimation constatées à l'actif ;

- les écarts de change latents sur autres actifs et autres passifs ;
- les frais liés à l'acquisition des actifs à caractère immobilier, à l'exception des actions de foncière cotée (article 321-3 ANC 2021).

Ces frais sont annulés lors de la cession des biens par imputation sur le résultat de cession. Les frais d'acquisition relatifs aux dépôts et instruments financiers non immobiliers et aux actions de sociétés foncières cotées sont enregistrés en résultat lors de de l'acquisition.

- Le capital d'une SPPICAV comprend en dernier lieu les résultats antérieurs incorporés au capital.

c) Les comptes de régularisation

Ils neutralisent l'incidence des souscriptions et des rachats d'actions sur le montant unitaire revenant à chaque action au titre des résultats nets et des plus ou moins-values réalisées nettes, de sorte que chaque détenteur puisse recevoir le même montant unitaire sur ces distributions quelle que soit sa date de souscription (article 113-3 ANC 2021). Une quote-part du prix de chaque souscription n'est pas inscrite en augmentation de capital, mais versée sur les comptes de régularisation du résultat net et des plus ou moins-values réalisées nettes ; de façon analogue, une quote-part du prix versé par la SPPICAV à l'actionnaire sortant n'est pas inscrite en réduction de capital, mais imputée sur les comptes de régularisation du résultat net et des plus ou moins-values réalisées nettes. Les acomptes sur dividendes versés au titre de l'exercice font eux aussi l'objet de régularisations (article 321-5 ANC 2021).

Exemple : la SPPICAV Octave, dont le capital se compose d'un million d'actions, présente un actif net de 100 millions d'euros. Celui-ci inclut un résultat net de 6 millions d'euros et un solde de plus ou moins-values réalisées positif de 4 millions d'euros. Le capital, qui est à tout moment égal à la valeur de l'actif net de la SPPICAV, déduction faite des sommes distribuables, s'établit donc à 90 millions d'euros. La valeur liquidative d'une action s'élève à 100 euros, comprenant une quote-part de capital de 90 euros, une quote-part de résultat net de 6 euros et une quote-part de plus-values réalisées nettes de 4 euros.

Pour satisfaire les demandes de souscription, Octave augmente son capital de deux cent mille actions. Ces actions nouvelles sont émises à la valeur liquidative, soit 100 euros, majorée d'une commission de souscription. La souscription globale, hors commission de souscription, soit 20 millions d'euros, est affectée de la façon suivante : 1,2 million d'euros (200 000 fois 6 euros) au compte de régularisation du résultat net, 0,8 million d'euros (200 000 fois 4 euros) au compte de régularisation des plus ou moins-values réalisées nettes et le solde, soit 18 millions d'euros, au compte capital.

De cette façon, la répartition de la valeur liquidative unitaire des actions demeure inchangée. Le nouvel actif net de 120 millions d'euros (hors commission de souscription) se décompose comme suit :

– Capital : 108 millions d'euros, soit 90 euros pour chacune des 1 200 000 actions ;

– Résultat net y compris compte de régularisation : 7,2 millions d'euros, soit 6 euros pour chacune des 1 200 000 actions ;

– Plus ou moins-values réalisées nettes y compris compte de régularisation : 4,8 millions d'euros, soit 4 euros pour chacune des 1 200 000 actions.

d) Participations dans des entités non cotées (de l'article L214-36 alinéas 2°, 3° et 5°) ayant une valeur négative

Lorsque la SPPICAV est engagée à couvrir les pertes d'une entité dont la valeur est négative, la comptabilisation s'effectue de la façon suivante :

- La valeur des titres détenus est mise à zéro
- Les comptes courants sur l'entité sont totalement dépréciés
- Le solde, soit la valeur négative (au-delà de la valeur de l'actif détenu) fait l'objet d'une provision au passif enregistrée dans le compte « provisions sur filiales et participations » avec une contrepartie inscrite en capital dans le compte « variation des différences d'estimation ».

e) Valorisation des emprunts

Ils sont valorisés à la valeur contractuelle (de remboursement) correspondant au capital restant dû augmenté des intérêts courus non réglés.

SECTION 3 – Le compte de résultat de la SPPICAV et les obligations de distribution

Nous présentons le compte de résultat dans une sous-section 1, les obligations de distribution dans une sous-section 2.

Sous-section 1 – Le compte de résultat

Ce document comporte deux séries de rubriques : les postes de produits et charges contribuant au résultat net de l'exercice (paragraphe a) et ceux contribuant au résultat des plus et moins-values réalisées nettes de l'exercice (paragraphe b). Chacune de ces deux rubriques fait l'objet de régularisations. Leur total donne le résultat de l'exercice (paragraphe c).

a) Le résultat net

Il est défini à l'article L214-51 du CMF, complété par les dispositions du règlement ANC n°2021-09. Il est égal à la somme :

- Du résultat de l'activité immobilière. Il s'agit des produits procurés par les actifs immobiliers directs et indirects non cotés (alinéas 1° à 3° et 5°) diminués du montant des frais et charges correspondants. Les charges d'emprunt liées à des actifs immobiliers sont comprises dans les charges de l'activité immobilière. Celles-ci n'incluent pas les frais de gestion et de fonctionnement supportés par la SPPICAV pour la gestion des actifs.
- Du résultat sur opérations financières, constitué des produits et rémunérations dégagés par la gestion des actifs financiers diminués du montant des frais et charges correspondants. Les revenus provenant des participations dans des sociétés immobilières cotées font partie des produits financiers, de même que les pré-loyers reçus par la SPPICAV en rémunération du financement, pendant la période de construction, d'un bien immobilier acquis en l'état futur d'achèvement. Les charges liées aux emprunts souscrits pour l'acquisition d'actifs non immobiliers sont comprises dans les charges financières. Celles-ci n'incluent pas les frais de gestion et de fonctionnement supportés par la SPPICAV pour la gestion des actifs.
- Des autres produits diminués des frais de gestion et des autres frais et charges. Les autres produits et autres charges sont ceux ne pouvant être rattachés directement aux catégories précédentes. Les frais de gestion et de fonctionnement externes regroupent l'ensemble des dépenses engagées pour le fonctionnement de la SPPICAV et pour la gestion des actifs.
- Le résultat net fait l'objet de régularisations liées à l'entrée ou à la sortie d'actionnaires (lors de l'étude du passif du bilan, nous avons expliqué le fonctionnement des comptes de régularisation).

b) Le résultat des plus et moins-values réalisées nettes

Cette partie du compte de résultat se présente comme suit :

Plus-values réalisées nettes de frais (+)

- sur actifs à caractère immobilier
- sur dépôts et instruments financiers non immobiliers

Moins-values réalisées nettes de frais (–)

- sur actifs à caractère immobilier
- sur dépôts et instruments financiers non immobiliers

= Résultat des plus et moins-values réalisées nettes
+/- Régularisations
= Plus et moins-values réalisées nettes après régularisations

c) Le résultat de l'exercice

C'est la somme du résultat net de l'exercice après régularisations et des plus ou moins-values nettes de l'exercice après régularisations. Nous rappelons que le compte de résultat d'une SPPICAV ne comprend pas de poste « impôt sur les sociétés » puisqu'elle en est exonérée sous réserve de respecter ses obligations de distribution.

Sous-section 2 – Les obligations de distribution

Aux termes de l'article L214-69 paragraphe II du CMF, les SPPICAV sont tenues de distribuer :

- À hauteur de 85 % au moins, la fraction de leur résultat distribuable provenant de la location de leur patrimoine locatif (soit la location des actifs mentionnés à l'alinéa 1° de l'article L214-36). Pour la détermination du montant à distribuer, les produits nets sont diminués d'un abattement forfaitaire égal à 1,5 % du prix de revient des immeubles détenus directement par la société.
- À hauteur de 50 % au moins, les plus-values réalisées provenant des cessions suivantes :

– Cession d'éléments du patrimoine locatif : immeubles, droits réels, droits de crédit-preneur avec possibilité de sous-louer (soit la cession des actifs mentionnés à l'alinéa 1° de l'article L214-36). Pour la détermination du montant à distribuer, les plus-values de cession des immeubles détenus directement par la société sont majorées des abattements forfaitaires, mentionnés au paragraphe précédent, pratiqués depuis leur acquisition sur les produits procurés par ces actifs.

– Cession de parts de sociétés mentionnées aux alinéas 2° et 3° de l'article L214-36 qui ne sont pas passibles de l'IS ou d'un impôt équivalent.

– Cession de parts ou actions de sociétés mentionnées à l'alinéa 3° du même article lorsqu'elles bénéficient d'un régime d'exonération d'IS sur leur activité immobilière.

– Cession de parts ou actions d'organismes mentionnés à l'alinéa 5° du même article.

- Pour l'application des dispositions qui précèdent, les produits et plus-values réalisés par des sociétés mentionnées aux alinéas 2° ou 3° non passibles de l'IS ou d'un impôt équivalent ou par des organismes mentionnés à l'alinéa 5° sont réputés réalisés par la SPPICAV elle-même, à hauteur de ses droits dans l'entité, au titre de l'exercice qui suit celui au cours duquel l'entité a réalisé ces produits ou plus-values.
- Enfin, les SPPICAV sont tenues de distribuer, à hauteur de 100 %, la fraction du résultat distribuable afférent aux produits distribués par les sociétés mentionnées à l'alinéa 3° de l'article L214-36 bénéficiant d'un régime d'exonération d'IS sur leur activité immobilière.
- La distribution des produits doit intervenir « au titre de l'exercice de leur réalisation » (soit en N+1), celle des plus-values « au plus tard au titre de l'exercice suivant leur réalisation » (soit au plus tard en N+2). En ce qui concerne les produits ou plus-values que la SPPICAV est réputée avoir réalisés, ces obligations sont décalées d'un exercice.

CHAPITRE 6
LE PATRIMOINE DU FPI,
ET SES OBLIGATIONS DE DISTRIBUTION

Pour l'établissement de leurs comptes annuels (bilan, compte de résultat et annexe), les FPI appliquent, comme les SPPICAV, les dispositions du plan comptable des OPC à capital variable, sous réserve des adaptations prévues par le règlement ANC n° 2021-09.

Nous examinons le patrimoine du FPI (section 1), puis la détermination de son résultat et ses obligations de distribution (section 2).

SECTION 1 – Le patrimoine du FPI

Nous étudions la composition de l'actif (sous-section 1) puis celle du passif (sous-section 2).

Sous-section 1 – Règles relatives à la composition de l'actif

Le FPI dispose de moins de latitude que la SPPICAV dans ce domaine.

- **Actifs immobiliers**

Selon l'article L214-37 du CMF, l'actif d'un FPI doit comporter 60 % d'actifs immobiliers. Ces actifs sont ceux mentionnés à l'alinéa 1° de l'article L214-36 ainsi que, sous réserve de conditions supplémentaires, ceux mentionnés à l'alinéa 2° et une partie de ceux mentionnés à l'alinéa 5° du même article.

Actifs mentionnés à l'alinéa 1° de l'article L214-36 (à l'identique) : ce sont les immeubles construits ou acquis en vue de la location, dont le FPI est propriétaire ou sur lesquels il possède un droit réel, par exemple un usufruit, ou des droits de crédit-preneur dans le cadre de contrats de crédit-bail portant sur de tels biens.

À titre accessoire, les FPI peuvent acquérir, directement ou indirectement, en vue de leur location, des meubles meublants, des biens d'équipement ou tous biens meubles affectés aux immeubles détenus et nécessaires au fonctionnement, à l'usage ou à l'exploitation de ces derniers (« les biens meubles nécessaires à l'usage des immeubles détenus »).

Depuis l'ordonnance n° 2024-662 du 3 juillet 2024, les FPI peuvent également, à titre accessoire, « procéder à l'acquisition directe ou indirecte, l'installation, la location ou l'exploitation de tout procédé de production d'énergies renouvelables, y compris la revente de l'électricité produite ».

Actifs mentionnés à l'alinéa 2° de l'article L214-36 (sous réserve de conditions supplémentaires) : il s'agit des participations directes ou indirectes dans des sociétés de personnes non cotées remplissant les conditions suivantes :

– Les associés répondent du passif au-delà de leurs apports, sans que leur responsabilité soit indéfinie et solidaire. Toutefois, par exception, les SCPI ou les sociétés de droit étranger dans lesquelles les associés ne répondent du passif que dans la limite de leurs apports, sont également éligibles.

– Leur actif est composé principalement d'immeubles locatifs, de droits réels portant sur de tels biens, de biens meubles nécessaires à l'usage des immeubles détenus ou de tout procédé de production d'énergies renouvelables. En application de l'article L214-80, elles ne peuvent pas détenir de droits de crédit-preneur dans le cadre d'un contrat de crédit-bail immobilier.

– L'article L214-80 précise, en outre, que ces sociétés relèvent de l'article 8 du Code général des impôts et qu'elles ne sont pas passibles, de droit ou sur option, de l'impôt sur les sociétés ou d'un impôt équivalent.

Note : les sociétés relevant de l'article 8 du CGI sont celles dans lesquelles les associés sont imposés directement sur les bénéfices réalisés par la société au prorata de leurs droits dans celle-ci.

– Ces sociétés sont contrôlées par le FPI dans les conditions prévues à l'article R214-83.

Note : la notion de contrôle au sens de l'article R214-83 a été exposée, lors de l'examen du patrimoine des SPPICAV, dans les règles relatives à la composition de l'actif.

Du fait des conditions supplémentaires exigées pour intégrer le patrimoine d'un FPI, les sociétés de l'alinéa 2° de l'article L214-36 sont dénommées dans un FPI « sociétés mentionnées à l'article L214-80 ».

Actifs mentionnés à l'alinéa 5° de l'article L214-36 (en partie et sous réserve d'une condition supplémentaire) : les FPI sont autorisés à détenir, directement ou indirectement, des parts d'autres FPI ou de FPI professionnels et des parts ou droits dans des organismes de droit étranger ayant un objet équivalent et de forme similaire, sous réserve, précise la dernière phrase du 1° de l'article L214-37, qu'il s'agisse de participations contrôlées. L'article R214-84 indique que le contrôle s'apprécie dans les termes de l'article R214-83.

Du fait de cette restriction (les FPI ne peuvent détenir que d'autres FPI) et de cette condition (il doit s'agir de participations contrôlées), les organismes de l'alinéa 5° de l'article L214-36 sont dénommés dans un FPI « organismes mentionnés à la dernière phrase du 1° de l'article L214-37 ».

- **Actifs liquides**

L'actif du FPI doit comporter, comme celui de la SPPICAV, au moins 5 % d'actifs mentionnés aux alinéas 8° et 9° de l'article L214-36, libres de toutes sûretés ou droits au profit de tiers.

- **Autres règles**

Un FPI et les sociétés mentionnées à l'article L214-80 qu'il contrôle directement ou indirectement ne peuvent détenir d'actions, de parts, droits financiers ou droits de vote dans une entité, quelle que soit sa forme, dont les associés ou membres répondent indéfiniment et solidairement des dettes de l'entité, par exemple, une société en nom collectif.

Le FPI doit respecter de nombreuses autres dispositions, notamment, comme les SPPICAV, celles figurant dans la partie réglementaire du CMF aux articles R214-81 et suivants.

Sous-section 2 – Règles relatives à la composition du passif

Ce sont les mêmes règles que dans une SPPICAV. Un FPI peut contracter des emprunts dans la limite de 40 % de la valeur des actifs compris dans sa poche immobilière. Il peut procéder de façon non permanente à des emprunts en espèces dans la limite de 10 % de ses actifs financiers.

En tant qu'OPCI, les FPI entrent dans le champ d'application de la directive AIFM 2011/61/UE du 8 juin 2011. La société de gestion doit informer les investisseurs de la politique du FPI en matière d'effet de levier.

Exemple : le document d'information clé d'un FPI précise que le FPI peut avoir recours à l'endettement direct et indirect dans la limite de 40 % maximum de la valeur des Actifs immobiliers et qu'il peut réaliser des emprunts d'espèces dans la limite de 10 % de la valeur de ses autres actifs. L'effet de levier maximal au sens de la directive AIFM qui en découle est de 1,666 [166,6 %].

SECTION 2 – La détermination du résultat et les obligations de distribution

Pour le calcul de leur résultat net, les FPI appliquent l'article L214-51 du CMF commun aux FPI et aux SPPICAV. En revanche, les FPI font l'objet de dispositions spécifiques en ce qui concerne la définition des sommes distribuables (article L214-81, paragraphe I) et les obligations de distribution (article L214-81, paragraphe II).

L'obligation de distribution minimale est fixée uniformément à 85 %.

En ce qui concerne la fraction du résultat distribuable provenant de la location du patrimoine locatif (soit la location des actifs mentionnés à l'alinéa 1° de l'article L214-36), cette obligation de distribution s'applique aux produits réalisés par le FPI lui-même ainsi qu'à ceux réalisés par l'intermédiaire de sociétés mentionnées à l'article L214-80 ou d'organismes mentionnés à la dernière phrase du 1° de l'article L214-37. Pour la détermination du montant à distribuer, les produits nets sont diminués d'un abattement forfaitaire égal à 1,5 % du prix de revient des immeubles détenus directement par le FPI.

Lors de la détermination du montant à distribuer au titre des plus-values de cession d'actifs réalisées au cours de l'exercice :

- L'abattement forfaitaire mentionné ci-dessus n'est pas ajouté au montant des plus-values de cession des immeubles détenus directement par le fonds, contrairement à la règle applicable en matière de SPPICAV ;
- Les plus-values de cession d'éléments du patrimoine locatif, de parts de sociétés, de parts ou droits d'organismes, réalisées par le FPI ou par l'intermédiaire d'une société mentionnée à l'article L214-80 sont diminuées le cas échéant de l'abattement pour durée de détention prévu à l'article 150 VC du CGI : abattements de 6 % pour chaque année de détention au-delà de la cinquième et de 4 % au titre de la vingt-deuxième année de détention.

Les distributions doivent être effectuées « au titre de l'exercice de réalisation », soit en N+1. Toutefois, la mise en paiement des sommes distribuables au titre des plus-values mentionnées au paragraphe précédent doit intervenir dans les six mois qui suivent la cession des actifs (article L214-82).

CHAPITRE 7
LE STATUT DES SIIC

Les sociétés d'investissements immobiliers cotées (SIIC) sont des sociétés par actions, cotées sur un marché réglementé respectant les prescriptions de la directive 2004/39/CE, qui ont pour objet principal la détention directe ou indirecte d'immeubles qu'elles donnent en location. Les bénéfices réalisés dans le cadre de cet objet principal sont exonérés d'impôt sur les sociétés (IS) sous réserve du respect par la SIIC de ses obligations de distribution.

Le statut des SIIC n'exclut pas l'exercice d'activités accessoires par rapport à l'objet principal de la société. Les actifs utilisés pour ces autres activités, qui sont soumises à l'IS dans les conditions de droit commun, ne doivent pas dépasser un certain pourcentage de l'actif brut total de l'entreprise.

Dans ce chapitre, nous étudions l'historique de la réglementation relative aux SIIC (section 1), leur organisation juridique, les modalités d'achat ou de revente de leurs actions et l'information des investisseurs (section 2).

Les comptes annuels des SIIC, le périmètre de l'exonération d'IS et les obligations de distribution sont traités dans le chapitre 8.

SECTION 1 – Historique de la réglementation

Les sociétés d'investissements immobiliers cotées (SIIC) ont été créées par la loi de finances n°2002-1575 du 30 décembre 2002 qui a inséré dans le CGI un article 208 C, applicable à partir du 1er janvier 2003. Cet article a été modifié à plusieurs reprises.

Loi n° 2002-1575 du 30 décembre 2002 (article 11) : les SIIC sont des sociétés par actions cotées sur un marché réglementé français, dont le capital social n'est pas inférieur à 15 millions d'euros, ayant pour objet principal l'acquisition ou la construction d'immeubles en vue de la location, ou la détention directe ou indirecte de participations dans des sociétés à l'objet social identique relevant de l'article 8 du CGI ou des paragraphes 1, 2 et 3 de l'article 206 du même code.

Note : nous rappelons que les sociétés relevant de l'article 8 du CGI sont celles dans lesquelles les associés sont imposés directement sur les bénéfices réalisés par la société au prorata de leurs droits dans celle-ci.

Les sociétés qui relèvent des paragraphes 1, 2 ou 3 de l'article 206 du CGI sont soumises à l'impôt sur les sociétés (IS) sur les bénéfices qu'elles réalisent.

Option pour l'exonération d'IS : les SIIC, ainsi que leurs filiales soumises à l'IS, ayant un objet social identique, détenues à 95 % au moins, peuvent opter pour l'exonération d'IS en ce qui concerne :

- la fraction de leur bénéfice provenant de la location d'immeubles ;
- les plus-values provenant de la cession d'immeubles, de participations dans des filiales ayant opté pour le régime SIIC ou dans des sociétés relevant de l'article 8 du CGI, sous réserve que ces cessions aient été effectuées auprès de personnes non liées au sens du point 12 de l'article 39 du CGI ;

Note : aux termes de cet article, des liens de dépendance sont réputés exister entre deux entreprises lorsque l'une détient directement ou par personne interposée la majorité du capital social de l'autre ou y exerce en fait le pouvoir de décision ou lorsqu'une troisième entreprise les contrôle l'une et l'autre de cette façon.

- les « produits de participations » (dividendes) prélevés sur des bénéfices exonérés reçus de sociétés ayant opté.

Obligations de distribution : cette exonération d'IS est subordonnée à la distribution par la SIIC à ses actionnaires :

- de 85 % des bénéfices exonérés provenant des opérations de location d'immeubles, qui doivent être distribués avant la fin de l'exercice suivant celui de leur réalisation ;
- de 50 % des bénéfices exonérés provenant de la cession d'immeubles ou de participations dans des sociétés relevant de l'article 8 du CGI ou dans des filiales ayant opté, qui doivent être distribués avant la fin du deuxième exercice suivant celui de leur réalisation ;
- et de 100 % des produits de participations (dividendes) prélevés sur des bénéfices exonérés reçus de sociétés ayant opté, qui doivent être distribués avant la fin de l'exercice suivant celui de leur perception.

Loi n°2004-1484 du 30 décembre 2004 (article 26) : l'exonération d'IS est étendue aux bénéfices provenant de la sous-location d'immeubles pris en crédit-bail ainsi qu'aux plus-values de cession à des personnes non liées au sens du point 12 de l'article 39 du CGI de droits afférents à un contrat de crédit-bail portant sur un immeuble.

Loi n°2006-1771 du 30 décembre 2006 (article 138) : cette loi modifie profondément le régime SIIC. Nous signalons les points suivants :

- L'obligation pour la SIIC d'être cotée sur un marché réglementé français est complétée par des critères de diffusion du capital. Celui-ci ou les droits de vote de la SIIC ne doivent pas être détenus, directement ou indirectement, à hauteur de 60 % ou plus par une ou plusieurs personnes agissant de concert au sens de l'article L233-10 du Code de commerce (cf. note ci-après). Cette condition s'apprécie de manière continue au cours de chaque exercice d'application du régime. Elle ne s'applique pas lorsque la personne, ou les personnes agissant de concert, détenant les 60 % ou plus, sont des SIIC.

Note : selon l'article L233-10 du Code de commerce, « sont considérées comme agissant de concert les personnes qui ont conclu un accord en vue d'acquérir, de céder ou d'exercer des droits de vote, pour mettre en œuvre une politique commune vis-à-vis de la société ou pour obtenir le contrôle de cette société ». Un tel accord est réputé exister entre une société et ses dirigeants ou entre sociétés sous contrôle commun.

En outre, le premier jour du premier exercice d'application du régime SIIC, le capital et les droits de vote de la SIIC doivent être détenus à hauteur de 15 % au moins par des personnes qui détiennent chacune, directement ou indirectement, moins de 2 % du capital et des droits de vote.

Note : l'objectif de ces deux dispositions est d'encourager la constitution d'un véritable flottant composé de petits porteurs. Au 1er janvier 2007, la première disposition, détention à moins de 60 % par un seul et même actionnaire, n'était respectée que par une minorité des SIIC françaises. Les sociétés ne remplissant pas cette condition disposaient d'un délai de deux ans, soit jusqu'au 31 décembre 2008, pour s'y conformer. La seconde disposition, définissant un flottant minimal au premier jour du premier exercice d'application du régime, ne s'applique qu'aux sociétés souhaitant opter pour le régime SIIC depuis le 1er janvier 2007.

- L'exonération d'IS applicable aux produits de participations (dividendes) prélevés sur des bénéfices exonérés reçus de sociétés ayant opté, déjà subordonnée à l'obligation de distribuer 100 % de ces produits avant la fin de l'exercice suivant celui de leur perception, est soumise, lorsque la SIIC les reçoit d'une autre SIIC, à la condition supplémentaire, pour la SIIC bénéficiaire de la distribution, de détenir des titres représentant au moins 5 % du capital et des droits de vote de la société distributrice pendant une durée minimale de deux ans.

- Lorsque le bénéficiaire de la distribution est un associé détenant, directement ou indirectement, au moins 10 % du capital de la SIIC, qu'il n'est pas une personne physique et que les produits perçus par cet associé ne sont pas soumis à l'IS ou à un impôt équivalent, la SIIC doit désormais acquitter auprès du Trésor public un prélèvement égal à 20 % du montant des sommes distribuées à cet associé prélevées sur des produits exonérés.

Note : il est apparu que, du fait de conventions internationales, certaines sociétés étrangères ne sont imposées, ni en France ni dans leur pays d'origine, sur les dividendes reçus de leurs participations dans les SIIC. Cette situation est contraire au mécanisme de la réglementation qui exonère la SIIC en reportant l'imposition sur l'actionnaire. Le prélèvement a pour but de remédier à cette situation. Il est à noter cependant qu'il n'est pas supporté par la société étrangère actionnaire, mais par la SIIC et donc indirectement par l'ensemble de ses actionnaires. Il ne s'agit pas d'une retenue à la source sur les dividendes dus à la société étrangère, qui aurait été incompatible avec les traités internationaux. Afin que la SIIC et les autres actionnaires n'aient pas à supporter les conséquences de ce prélèvement, les SIIC ont inséré dans leurs statuts une disposition prévoyant que l'actionnaire personne morale non soumis à l'impôt sur les sociétés ou à un impôt équivalent détenant 10 % au moins du capital de la SIIC (« un actionnaire à prélèvement ») sera, au moment de la distribution du dividende, débiteur vis-à-vis de la SIIC d'une somme dont le montant sera déterminé de manière à neutraliser complètement le coût du prélèvement dû par la Société.

- À côté de ces contraintes nouvelles, la loi n°2006-1771 contient une mesure d'assouplissement. L'exonération d'IS est étendue aux revenus locatifs que la SIIC retire d'immeubles qui ne lui appartiennent pas en pleine propriété mais sur lesquels elle possède des droits réels en étant titulaire d'un usufruit ou preneur d'un bail à construction ou preneur d'un bail emphytéotique, ainsi qu'aux plus-values qu'elle peut retirer de la cession de ces droits réels.

Loi n°2007-1822 du 24 décembre 2007 (article 28) : les produits de participations (dividendes) reçus par une SIIC de sociétés étrangères à statut équivalent (activité identique et exonération de l'impôt sur les sociétés de l'État de leur direction effective) ou de sociétés de placement à prépondérance immobilière à capital variable (SPPICAV) sont exonérés d'IS à la condition que la SIIC détienne des titres représentant au moins 5 % du capital et des droits de vote de la société distributrice pendant une durée minimale de deux ans et qu'elle redistribue ces produits de participation avant la fin de l'exercice suivant celui de leur perception.

Loi n°2008-1425 du 27 décembre 2008 (article 24) : cette loi étend l'exonération d'IS aux bénéfices provenant de la sous-location d'immeubles dont la jouissance a été conférée à titre temporaire par l'État, une collectivité territoriale ou l'un de leurs établissements publics.

Loi n°2009-1674 du 30 décembre 2009 (article 40) : le régime SIIC est ouvert aux sociétés par actions cotées sur un marché réglementé respectant les prescriptions de la directive 2004/39 / CE du Parlement européen et du Conseil du 21 avril 2004 concernant les marchés d'instruments financiers.

Loi n°2013-1279 du 29 décembre 2013 (article 33) : les obligations de distribution des SIIC sont accrues :

- les bénéfices exonérés provenant de la location d'immeubles ou de la sous-location d'immeubles pris en crédit-bail ou dont la jouissance a été conférée à titre temporaire par l'État, une collectivité territoriale ou un de leurs établissements publics, sont obligatoirement distribués à hauteur de 95 % (et non plus 85 %) avant la fin de l'exercice qui suit celui de leur réalisation ;
- les plus-values exonérées provenant de la cession d'immeubles ou de droits réels (usufruit, droit du preneur d'un bail à construction, droit du preneur d'un bail emphytéotique), de la cession des droits afférents à un contrat de crédit-bail portant sur un immeuble ou de la cession de participations dans des sociétés relevant de l'article 8 du CGI ou dans des filiales ayant opté, sont obligatoirement distribuées à

hauteur de 60 % (et non plus 50 %) avant la fin du deuxième exercice qui suit celui de leur réalisation.

Loi n° 2018-1317 du 28 décembre 2018 (article 45) : les plus-values mentionnées ci-dessus doivent être distribuées à hauteur de 70 % (au lieu de 60 %).

SECTION 2 – Organisation juridique des SIIC, modalités d'achat ou de revente de leurs actions, information des investisseurs

Nous examinons ces différents points.

Sous-section 1 - Organisation juridique

Les SIIC revêtent la forme de sociétés anonymes (paragraphe a), de sociétés en commandite par actions (paragraphe b) ou de sociétés européennes (paragraphe c).

a) La société anonyme

Lorsqu'elle revêt la forme de société anonyme, la SIIC est soumise à l'ensemble des dispositions du Code de commerce applicables à cette forme de société.

Société anonyme à conseil d'administration : tous les dirigeants doivent être des personnes physiques, à savoir :

- Le président du conseil d'administration, que celui-ci (ou celle-ci) exerce ou non, en plus de la présidence du conseil d'administration, la direction générale de la société.
- Le directeur général lorsque les statuts prévoient qu'une personne autre que le président du conseil d'administration exercera la direction générale.
- Les directeurs généraux délégués éventuels.

Société anonyme à directoire et conseil de surveillance : les membres du directoire ou le directeur général unique doivent être des personnes physiques.

Actionnaires : nous rappelons que dans une société anonyme ils ne supportent les pertes qu'à concurrence de leurs apports.

b) La société en commandite par actions

Cette société est « constituée entre un ou plusieurs commandités, qui ont la qualité de commerçants et répondent indéfiniment et solidairement des dettes sociales, et des commanditaires, qui ont la qualité d'actionnaires et ne supportent les pertes qu'à concurrence de leurs apports » (article L226-1 du Code de commerce).

La société est dirigée par un ou plusieurs gérants, investis des pouvoirs les plus étendus pour agir en toute circonstance au nom de la société. Un conseil de surveillance assume le contrôle permanent de la gestion de la société.

c) La société européenne

Cette société est régie par les dispositions du règlement (CE) n°2157/2001 du Conseil du 8 octobre 2001 relatif au statut de la société européenne, par les articles L229-1 à L229-15 du Code de commerce et par les dispositions non contraires du Code de commerce applicables à la société anonyme.

Elle est soumise à la loi française dès lors que son siège social est situé en territoire français, étant précisé que le siège statutaire et l'administration centrale de la société ne peuvent être dissociés (articles L210-3 et L229-1 du C. com.).

Hormis quelques exceptions, les dispositions relatives à la direction et à l'administration ainsi qu'aux assemblées générales des sociétés anonymes s'appliquent à la société européenne.

Sous-section 2 – Modalités d'achat ou de revente des actions de SIIC

Les actions de SIIC sont achetées et revendues en bourse.

Taxe sur les transactions financières (TTF) : cette taxe est due lors de l'achat de titres de sociétés françaises cotées dont la capitalisation boursière dépasse un milliard d'euros au 1er décembre de l'année précédente (article 235 ter ZD du CGI). La liste des sociétés concernées est publiée au Bulletin Officiel des Finances Publiques – Impôts (BOFIP). La taxe, qui est à la charge de l'acquéreur, est perçue au taux de 0,4 %. Elle n'est pas due lors des souscriptions d'actions émises à l'occasion d'une augmentation de capital. L'achat d'actions de SIIC figurant sur la liste du BOFIP donne lieu au paiement de cette taxe.

Sous-section 3 – Information des investisseurs

Les sociétés cotées sont tenues à une obligation d'information permanente (paragraphe a) et à des obligations d'informations périodiques (paragraphe b). Certaines informations peuvent être regroupées dans un document d'enregistrement universel (DEU) (paragraphe c).

a) L'information permanente

En application de l'article 17.1 du règlement (UE) n° 596/2014 du 16 avril 2014 (UE, 2014), [toute société cotée] « rend publiques, dès que possible, les informations privilégiées qui [la] concernent directement ». La publication de ces informations permet en effet d'assurer la transparence du marché et l'égalité des investisseurs face à l'information. C'est également un outil de prévention des opérations d'initiés.

L'information privilégiée désigne une information à caractère précis n'ayant pas été rendue publique dont la publication serait susceptible d'influencer de façon sensible le cours des instruments financiers concernés (article 7.1.a du règlement). Par exemple, savoir au sein de la société que l'objectif de résultat annoncé au marché ne sera pas atteint constitue une information privilégiée devant donner lieu à un avertissement sur les résultats (ou *profit warning*). Toutefois, une société cotée peut, sous sa propre responsabilité, différer la publication d'une information privilégiée si les trois conditions suivantes sont réunies : d'une part la publication immédiate de l'information est susceptible de porter atteinte à ses intérêts légitimes, d'autre part le retard de publication ne risque pas d'induire le public en erreur, enfin la société est en mesure d'assurer le maintien de la confidentialité de l'information (article 17.4 du règlement).

b) Les obligations d'information périodiques

Les sociétés cotées sont soumises à nombreuses publications périodiques (cf. sur ce point AMF, 2023). Les publications annuelles comprennent notamment le communiqué sur le chiffre d'affaires annuel, le communiqué d'annonce des résultats annuels, le rapport financier annuel (RFA). Ce dernier inclut les comptes annuels, les comptes consolidés (le cas échéant), le rapport de gestion, une déclaration des personnes physiques qui assument la responsabilité du rapport et le rapport des commissaires aux comptes. Le rapport de gestion lui-même inclut, outre les rubriques prévues par le Code de commerce, le rapport sur le gouvernement d'entreprise et les procédures de contrôle interne et de gestion des risques et la déclaration de performance extra-financière. Les sociétés cotées sont également tenues de publier un rapport financier semestriel.

c) Le document d'enregistrement universel

Le règlement (UE) n° 2017/1129 du 14 juin 2017 (UE, 2017) prévoit, dans son article 9, la possibilité pour les sociétés cotées d'établir, sur une base volontaire, au titre de chaque exercice, un document de synthèse dénommé « document d'enregistrement universel » (DEU, en anglais *Universal Registration Document* URD). Ce document doit contenir les informations prévues aux annexes 1 et 2 du règlement délégué (UE) 2019/980 du 14 mars 2019 (UE, 2019). Il permet de regrouper diverses informations dont la publication est obligatoire. Le « DEU 4 en 1 » inclut le rapport financier annuel, le rapport de gestion complet au sens du Code de commerce, y compris le rapport sur le gouvernement d'entreprise, ainsi que l'ensemble des informations requises pour l'assemblée générale, dont les documents et informations adressés aux actionnaires (AMF, 2021).

CHAPITRE 8
LES COMPTES ANNUELS DES SIIC, LE PÉRIMÈTRE D'EXONÉRATION D'IS ET LES OBLIGATIONS DE DISTRIBUTION

Les comptes annuels font l'objet de la section 1, le périmètre d'exonération d'IS et les obligations de distribution celui de la section 2.

SECTION 1 – Les comptes annuels des SIIC

Les SIIC appliquent le plan comptable général, soit le règlement ANC n° 2014-03 du 5 juin 2014 (ANC, 2014) modifié, pour les exercices ouverts à compter du 1er janvier 2025, par le règlement ANC n° 2022-06 du 4 novembre 2022 (ANC, 2022). Les obligations de distribution sont déterminées sur la base des comptes annuels.

Nous étudions le bilan (sous-section 1), puis le compte de résultat (sous-section 2).

Sous-section 1 – Le bilan

Nous examinons l'actif (paragraphe a), puis le passif (paragraphe b).

a) L'actif

À chaque compte correspondent trois colonnes au titre de l'exercice clos :

- la première pour les valeurs brutes : valeur d'entrée de l'actif au bilan (lors de l'exercice clos ou d'exercices antérieurs), c'est-à-dire son prix d'acquisition, son prix de revient ou son montant nominal ;
- la deuxième pour le cumul des amortissements et dépréciations des exercices antérieurs et de l'exercice clos ;
- et la troisième pour les montants nets à la clôture de l'exercice (différence entre les deux premières colonnes).

Nous donnons ci-après la liste des comptes et des précisions sur les principes de comptabilisation des actifs.

Tableau 8.1. – SIIC - actif du bilan

Actif immobilisé
Immobilisations incorporelles
- Concessions, brevets, licences

Immobilisations corporelles
- Terrains
- Constructions
- Constructions en cours

Immobilisations financières
- Participations et créances rattachées
- Autres titres immobilisés
- Prêts
- Autres

Actif circulant
- Créances sur locataires
- Valeurs mobilières de placement
- Disponibilités

Charges constatées d'avance
Écarts de conversion actif

Total général actif

Principes de comptabilisation : les éléments d'actif sont inscrits à leur coût historique, c'est-à-dire leur coût d'acquisition ou, pour les biens que la SIIC a fait construire elle-même, leur prix de revient. Ils sont amortis en mode linéaire sur leur durée de vie. En outre, une dépréciation est comptabilisée lorsque leur valeur vénale est inférieure à la valeur nette comptable, correspondant au coût d'acquisition (ou prix de revient) diminué des amortissements cumulés. Les créances sur les locataires sont enregistrées à leur valeur nominale et dépréciées lorsque l'ancienneté des créances et la situation financière des locataires le justifient.

b) Le passif

Chaque compte fait l'objet d'une seule colonne au titre de l'exercice clos, contenant son montant à la clôture de l'exercice. Nous donnons ci-après la liste des comptes et des précisions sur l'endettement.

Tableau 8.2. – SIIC - passif du bilan

Capitaux propres
- Capital
- Primes d'émission, de fusion, d'apport
- Réserve légale
- Réserves réglementées
- Réserves distribuables
- Report à nouveau
- Résultat de l'exercice

Provisions pour risques et charges

Dettes
- Emprunts obligataires
- Emprunts et dettes financières hors groupe
- Dettes financières auprès du groupe
- Dettes fournisseurs
- Dettes fiscales et sociales
- Dettes sur immobilisations
- Autres dettes

Produits constatés d'avance
Écarts de conversion passif

Total général passif

Endettement : les SIIC ne sont soumises à aucune contrainte légale ou réglementaire limitant l'importance de leur endettement. L'investissement immobilier requérant des ressources stables, les SIIC, en dehors de l'appel aux actionnaires (apport par ces derniers de fonds en capitaux propres), recourent largement à des emprunts à long terme souscrits auprès des banques.

Note : les contrats de prêt imposent à l'emprunteur des ratios financiers, dont le non-respect autorise la banque à exiger le remboursement anticipé de la dette. Intervenant dans de mauvaises conditions, une vente d'actifs, destinée à dégager les fonds nécessaires au remboursement d'un emprunt, risque d'affecter les résultats de la société et de se répercuter sur la valeur des autres actifs.

Sous-section 2 – Le compte de résultat

Les SIIC utilisent le modèle de compte de résultat du plan comptable général (paragraphe a). Dans ce document, les produits et les charges du secteur exonéré figurent dans les mêmes comptes que les produits et les charges du secteur imposable. Ce document ne permet donc pas de déterminer la fraction du résultat attribuable à chaque secteur, alors que cette information est nécessaire pour calculer l'IS dont la SIIC est redevable. Nous verrons, dans un paragraphe b, comment s'effectue cette ventilation.

a) Des comptes communs pour les produits et les charges du secteur exonéré et ceux du secteur imposable

Nous mentionnons ci-après les différentes rubriques du compte de résultat, en apportant plusieurs précisions.

Tableau 8.3. – SIIC - compte de résultat

A - Résultat d'exploitation :

I - Produits d'exploitation

- Loyers
- Reprises sur dépréciations et provisions d'exploitation
- Autres produits d'exploitation

II - Charges d'exploitation

- Achats
- Autres charges externes
- Impôts et taxes
- Charges de personnel
- Dotations aux amortissements
- Dotations aux dépréciations des actifs circulants
- Dotations aux provisions d'exploitation
- Autres charges

(I – II) = Résultat d'exploitation

B - Quotes-parts de résultat sur opérations faites en commun :

III – Bénéfices attribués ou pertes transférées

IV – Pertes supportées ou bénéfices transférés

(III – IV) = Quotes-parts de résultat sur opérations faites en commun

C - Résultat financier :

V - Produits financiers

- Intérêts et produits assimilés
- Reprises sur dépréciations et provisions financières

- Produits financiers de participations
- Produits des autres immobilisations financières

VI - Charges financières

- Intérêts et charges assimilées
- Dotations aux dépréciations et provisions financières

(V – VI) = Résultat financier

Résultat courant = (A + B + C)

D - Résultat exceptionnel :

VII - Produits exceptionnels

VIII - Charges exceptionnelles

(VII – VIII) = Résultat exceptionnel

Résultat avant impôt et participation
= (A + B + C + D)

IX - Participation des salariés aux résultats

X - Impôt sur les bénéfices

Résultat de l'exercice
= (A + B + C + D) – IX – X

Nous apportons des précisions sur les rubriques suivantes : impôts et taxes, quotes-parts de résultat sur opérations faites en commun, produits financiers de participations, produits exceptionnels et charges exceptionnelles, impôt sur les bénéfices.

Impôts et taxes : ce poste regroupe l'ensemble des impôts et taxes de l'entreprise, à l'exception de la TVA et de l'impôt sur les bénéfices. La TVA qui est neutre pour l'entreprise est absente du compte de résultat. Quant à l'impôt sur les bénéfices (IS) relatif au secteur imposable, celui-ci apparaît en fin de compte de résultat.

Quotes-parts de résultat sur opérations faites en commun : cette rubrique enregistre la quote-part de résultat de la SIIC dans les sociétés de personnes au sein desquelles elle possède une participation, telles que les sociétés en nom collectif (SNC) ou les sociétés civiles immobilières (SCI). Les bénéfices attribués sont ceux revenant à la SIIC, les pertes supportées celles incombant à la SIIC. Les postes « bénéfices transférés » et « pertes transférées » sont utilisés dans le cadre d'une société en participation, non immatriculée, sans personnalité morale. L'un des associés (le « gérant ») intègre dans sa comptabilité les opérations de la société et transfère, à la fin de chaque exercice, à ses coassociés leur quote-part de bénéfices ou de pertes.

Produits financiers de participations : il s'agit essentiellement des dividendes reçus par la SIIC de ses filiales et participations (hors sociétés de personnes).

Produits exceptionnels et charges exceptionnelles : le règlement ANC n° 2022-06, applicable aux exercices ouverts à compter du 1er janvier 2025, modifie sur ce point le règlement ANC n° 2014-03.

Celui-ci ne donnait pas de définition du résultat exceptionnel, mais contenait une liste de comptes considérés par nature comme faisant partie du résultat exceptionnel ; ainsi, en cas de cession d'immeubles, le compte « charges exceptionnelles sur opérations en capital » enregistrait la valeur nette comptable des immeubles vendus et le compte « produits exceptionnels sur opérations en capital » enregistrait le prix de cession.

Désormais, selon le règlement ANC n° 2022-06, les éléments inscrits par nature en résultat exceptionnel sont limités à trois catégories d'opérations : écritures comptables d'origine purement fiscale, changements de méthode, corrections d'erreurs. En dehors de ces trois catégories d'opérations, les produits et les charges doivent remplir deux critères cumulatifs : avoir pour origine un événement majeur et inhabituel pour l'entreprise concernée et être liés directement – c'est-à-dire être spécifiques – à cet événement. Cette définition exclut les produits et les charges intervenant durant l'événement majeur et inhabituel, mais que l'entreprise constate dans son exploitation normale et courante.

Les cessions d'immeubles entrent désormais dans le résultat d'exploitation. La valeur comptable des immeubles cédés est une charge d'exploitation et leur prix de cession un produit d'exploitation.

La présentation du résultat exceptionnel est modifiée. Celui-ci figure désormais sur trois lignes : total des produits exceptionnels, total des charges exceptionnelles, et une troisième ligne pour le solde des deux précédentes donnant le résultat exceptionnel. Le détail des produits et charges figure dans l'annexe comptable.

Impôt sur les bénéfices : ce poste comprend l'IS dû par la SIIC sur les bénéfices provenant de ses activités accessoires.

b) Ventilation du résultat entre les deux secteurs

Les produits et les charges doivent être ventilés entre le secteur exonéré et le secteur imposable, de façon à permettre le calcul de l'IS.

Certaines charges peuvent être affectées directement à un secteur déterminé. Ainsi, les charges relatives à un immeuble donné en location, telles qu'amortissements, impôts locaux ou primes d'assurance, sont comprises dans le secteur exonéré.

Lorsque les charges concernent les deux secteurs, ce qui est le cas, par exemple, des charges de personnel, l'entreprise doit pratiquer un prorata. La partie attribuable au secteur exonéré se détermine sur la base du rapport entre les produits de ce secteur et le total des produits de l'entreprise.

En ce qui concerne le résultat financier, la première étape consiste à affecter à chacun des secteurs les produits et les charges qui lui appartiennent exclusivement. Si, après cette première ventilation, le solde est un produit financier, celui-ci appartient au secteur imposable. Si c'est une charge financière, elle est attribuée au secteur exonéré sur la base du rapport entre la valeur brute des éléments d'actifs contribuant au secteur exonéré et la valeur brute totale des actifs de l'entreprise et pour le montant restant au secteur imposable. (BOFIP, 2019).

SECTION 2 – Le périmètre de l'exonération d'IS des SIIC et les obligations de distribution

Nous examinons, dans une sous-section 1, le périmètre de l'exonération d'IS des SIIC. Leurs obligations de distribution font l'objet d'une sous-section 2.

Sous-section 1 – Le périmètre de l'exonération d'IS

En premier lieu, il convient de déterminer les sociétés pouvant opter pour le régime SIIC (paragraphe a), puis les catégories de bénéfices auxquelles s'applique l'exonération d'IS (paragraphe b). Enfin, nous mentionnons les activités non éligibles, c'est-à-dire celles dont les bénéfices sont imposables (paragraphe c).

a) Les sociétés éligibles

Il s'agit tout d'abord des SIIC elles-mêmes.

En outre, peuvent opter lorsqu'elles sont soumises à l'IS et ont un objet identique à celui des SIIC :

- les filiales de SIIC détenues, individuellement par une SIIC ou conjointement par plusieurs SIIC, à 95 % au moins directement ou indirectement ;
- les filiales de SPPICAV, entrant dans le champ d'application de l'IS et ayant un objet identique à celui des SIIC, lorsqu'elles sont

détenues à 95 % au moins, directement ou indirectement, par une ou plusieurs SPPICAV ou une ou plusieurs SPPICAV et une ou plusieurs SIIC.

b) Les bénéfices éligibles

Sous réserve de respecter les obligations de distribution applicables à chaque catégorie de bénéfices, les SIIC et leurs filiales ayant opté sont exonérées d'impôt sur les sociétés pour la fraction de leur bénéfice provenant :

- de la location d'immeubles détenus en pleine propriété ou dont elles sont titulaires de l'usufruit, de la sous-location d'immeubles exploités en tant que preneur d'un bail à construction ou d'un bail emphytéotique, de la sous-location d'immeubles pris en crédit-bail ou dont la jouissance a été conférée à titre temporaire par l'État, une collectivité territoriale ou un de leurs établissements publics ;
- des plus-values provenant de la cession à des personnes non liées au sens du 12 de l'article 39 du CGI de la pleine propriété ou de l'usufruit d'un immeuble, d'un droit de preneur d'un bail à construction, d'un droit de preneur d'un bail emphytéotique, de droits afférents à un contrat de crédit-bail portant sur un immeuble ou de participations dans des sociétés de personnes visées à l'article 8 du CGI ou dans des filiales ayant opté ;
- des dividendes prélevés sur des bénéfices exonérés, reçus de filiales ayant opté ;
- des dividendes prélevés sur des bénéfices exonérés, reçus d'une autre SIIC ou de SPPICAV ou encore de sociétés étrangères ayant une activité identique à celle d'une SIIC et exonérées de l'impôt sur les sociétés de l'État où elles ont leur siège de direction effective, à la condition que la SIIC détienne des titres représentant au moins 5 % du capital et des droits de vote de la société distributrice pendant une durée minimale de deux ans.

c) Les activités non éligibles

Selon la documentation de l'Administration fiscale (BOFIP, 2020a), la SIIC peut exercer à titre accessoire :

- L'activité de crédit-bailleur immobilier (propriétaire de l'immeuble donné en crédit-bail) à condition que l'encours net de crédit-bail immobilier ne soit pas supérieur à 50 % de son actif brut total. Ce ratio doit être respecté par la SIIC crédit-bailleresse, mais ne s'applique pas à la SIIC crédit-preneuse. Nous avons vu en effet au paragraphe précédent que l'activité de sous-location d'immeubles pris en crédit-bail entre dans l'objet principal des SIIC. Les actifs correspondant à cette activité ne sont pas soumis au ratio de 50 %.

- Ainsi que d'autres activités, telles que celles de marchand de biens, de commercialisation et de promotion immobilière, sous réserve que la valeur brute des actifs utilisés pour leur exercice ne dépasse pas 20 % de son actif brut total hors encours de crédit-bail immobilier.
- Les bénéfices réalisés dans ces activités accessoires sont imposables à l'IS.

Sous-section 2 – Les obligations de distribution

Nous rappelons que les obligations de distribution d'une SIIC sont calculées sur la base de ses comptes annuels. Nous avons vu précédemment (section 1, sous-section 2, paragraphe b) que les SIIC et leurs filiales ayant opté doivent ventiler leurs produits et leurs charges entre le secteur exonéré et le secteur imposable, afin de déterminer le montant d'IS dont elles sont redevables. Une fois cette opération effectuée, les produits et les charges du secteur exonéré doivent être répartis entre les différentes catégories de ce secteur (activité de location et sous-location, cession d'actifs, produits de participation) qui obéissent à des obligations de distribution différentes. Nous examinons cette nouvelle ventilation (paragraphe a). Celle-ci permet de déterminer l'étendue des obligations de distribution (paragraphe b), puis leur montant effectif (paragraphe c). Enfin, nous présentons un exemple d'application (paragraphe d).

a) La répartition du résultat du secteur exonéré entre ses différentes catégories de revenus

Pour la ventilation des revenus à l'intérieur du secteur exonéré, le principe demeure celui d'attribuer les différents produits et les différentes charges exclusivement à une activité déterminée chaque fois que cela est possible. Ainsi, les amortissements des immeubles locatifs viennent en diminution des résultats de location. Les charges engagées pour la cession d'un immeuble, d'une participation dans des sociétés de personnes visées à l'article 8 du CGI ou dans des filiales ayant opté, réduisent les plus-values. Les charges qui ne peuvent être directement affectées sont réparties entre les trois catégories de revenus au prorata des produits (cas général) ou de la valeur comptable brute des actifs utilisés (charges financières).

b) Étendue de l'obligation de distribution

L'exonération d'IS, dont bénéficie la SIIC, n'est acquise que si celle-ci distribue 95 % des bénéfices de location ou sous-location, 70 % des plus-values et 100 % des dividendes faisant partie du secteur exonéré. Ces distributions doivent intervenir pour les bénéfices de location ou de sous-location avant la fin de l'exercice qui suit celui de leur réalisation, soit en N+1, pour les plus-values avant la fin du deuxième exercice suivant celui de leur réalisation, soit en N+2 et pour les dividendes au cours de l'exercice suivant celui de leur perception, soit en N+1.

L'imposition est reportée sur les actionnaires. Ceux-ci sont imposés, selon leur propre régime fiscal, sur les distributions effectuées par la SIIC.

c) Détermination du montant effectif de l'obligation de distribution

On applique à chacune des trois catégories de revenus exonérés son coefficient de distribution. Cependant, l'obligation de distribution effective est limitée au résultat fiscal du secteur exonéré puis plafonnée au montant du bénéfice comptable.

La limite du résultat fiscal du secteur exonéré : celui-ci est la somme des résultats des trois catégories d'opérations. Les résultats négatifs, par exemple, les pertes de l'activité de location ou les moins-values de cession, et les résultats positifs se compensent. Lorsque la compensation donne un résultat négatif, celui-ci est reportable sur les résultats futurs du secteur exonéré.

Le résultat fiscal du secteur exonéré constitue une limite. Lorsqu'il est inférieur au cumul des obligations de distribution, la différence n'a pas à être distribuée. Les obligations de distribution de chacune des trois catégories de revenus sont réduites proportionnellement.

Il n'est pas tenu compte du résultat du secteur imposable. En particulier, si celui-ci est déficitaire, il ne s'impute pas sur le résultat du secteur exonéré.

Le plafond constitué par le bénéfice comptable : ce dernier se définit comme le bénéfice de l'exercice diminué des pertes antérieures et des sommes à porter en réserves en application de la loi, augmenté du report bénéficiaire.

Il constitue un plafond annuel. Lorsqu'il est inférieur à la somme des obligations de distribution fiscales, le versement de la différence est reporté à l'exercice suivant et, si nécessaire, aux exercices ultérieurs. Le bénéfice comptable d'un exercice doit être utilisé en priorité pour satisfaire les obligations de distribution du même exercice. Les distributions sont réputées prélevées par priorité sur les bénéfices exonérés. (BOFIP, 2019 et 2021)

d) Exemple de calcul des obligations de distribution d'une SIIC

Une SIIC enregistre les résultats suivants au titre de l'exercice N (en millions d'euros) :

- Résultat de la location et de la sous-location d'immeubles : 15
- Moins-values nettes de cession d'immeubles et participations : – 10
- Dividendes reçus des filiales ayant opté : 254.

Le bénéfice fiscal du secteur exonéré (15 – 10 + 254) est de 259. La SIIC a réalisé dans son secteur taxable un bénéfice après impôt de 70. Elle enregistre donc, au titre de l'exercice, un résultat global après impôt de 329. Au bilan, le compte report à nouveau, provenant de bénéfices ayant supporté l'impôt, est positif de 26.

Détermination du montant effectif de l'obligation de distribution : les obligations de distribution sont les suivantes :

- Au titre de la location et de la sous-location d'immeubles : 15 x 95 % = 14,25
- Au titre des plus-values nettes : sans objet
- Au titre des dividendes reçus des filiales ayant opté : 254 x 100 % = 254.

Le montant total de l'obligation de distribution (268,25) est supérieur au bénéfice fiscal du secteur exonéré (259). La distribution sera donc limitée au bénéfice fiscal. Le bénéfice comptable (329 + 26) soit 355 est supérieur au bénéfice fiscal. La distribution n'est pas plafonnée.

La SIIC respectera ses obligations de distribution si elle distribue au plus tard en N+1 :

- Au titre des locations et sous-locations d'immeubles : 14,25 x (259 / 268,25) = 13,75
- Au titre des dividendes reçus des filiales ayant opté : 254 x (259 / 268,25) = 245,25.

Décision de l'assemblée générale : l'AG possède un pouvoir discrétionnaire pour fixer le montant du dividende. Toutefois, compte tenu des obligations de distribution, le dividende ne peut être inférieur à (13,75 + 245,25) soit 259.

Nous formulons l'hypothèse qu'en N+1, constatant l'existence d'un bénéfice distribuable de (329 + 26) soit 355, l'assemblée générale de la SIIC vote la distribution d'un dividende de 350. Le solde du bénéfice distribuable (5) est reporté à nouveau.

Ce dividende se répartit comme suit :

- Au titre du secteur exonéré : 259 ; cette partie du dividende n'est pas éligible à l'abattement de 40 % (cf. note ci-après)
- Au titre du secteur taxable : 91 ; cette partie du dividende est éligible à l'abattement de 40 %.

Note : le contribuable qui opte pour l'imposition de ses revenus mobiliers au barème progressif de l'impôt sur le revenu bénéficie d'un abattement de 40 % sur les revenus mobiliers provenant de bénéfices ayant été imposés à l'IS dans la société distributrice.

CHAPITRE 9
LE DOMAINE D'APPLICATION DES COMPTES CONSOLIDÉS (SPPICAV ET SIIC)

Lorsqu'elles remplissent les critères légaux, les SPPICAV et les SIIC sont tenues d'établir des comptes consolidés. Ceux-ci n'ont pas d'impact sur les obligations de distribution de ces sociétés, fondées uniquement sur les comptes annuels. Leur objet est de fournir aux actionnaires une information sur le patrimoine et les résultats de leur société, complémentaire de celle des comptes annuels, utilisant des méthodes de comptabilisation et de valorisation différentes. Schématiquement, les comptes consolidés consistent à regrouper dans les mêmes états financiers les comptes de la société-mère et ceux de ses filiales, comme si elles formaient une seule et même entité.

Ce chapitre est consacré au champ d'application des comptes consolidés et aux référentiels applicables. Les états financiers consolidés font l'objet du chapitre 10.

En France, le champ d'application des comptes consolidés est défini par le Code de commerce (section 1). Il existe deux référentiels : les normes IFRS et les règles françaises (section 2). Cet ouvrage se réfère aux normes IFRS. Nous en exposons les principales règles (section 3).

SECTION 1 – Les sociétés tenues d'établir des comptes consolidés

En application des règles européennes (directive comptable n°2013/34/UE du 26 juin 2013), ce sont les différents droits nationaux, et donc le Code de commerce (C. com.) en France, qui définissent le champ d'application des comptes consolidés, c'est-à-dire les sociétés mères tenues d'établir des comptes consolidés et celles qui en sont exemptées.

Les sociétés commerciales françaises établissent et publient chaque année des comptes consolidés dès lors qu'elles contrôlent de manière exclusive ou conjointe une ou plusieurs autres entreprises et que le groupe ainsi constitué dépasse deux des trois seuils représentés par le total du bilan, le montant net du chiffre d'affaires et le nombre moyen de salariés employés au cours de l'exercice (articles L 230-2, L233-16 et L233-17, C. com.).

Le niveau et les modalités de calcul des différents seuils sont fixés par décret. À compter du 1er janvier 2025, ces seuils sont les suivants (article D230-2, C. com.) : total du bilan 30 millions d'euros ; montant net du chiffre d'affaires 60 millions d'euros ; nombre moyen de salariés 250.

Note : jusqu'au 31 décembre 2024 (article R233-16, C. com.) les seuils étaient les suivants : total du bilan 24 millions d'euros, montant net du chiffre d'affaires 48 millions d'euros et nombre moyen de salariés 250.

SCPI : même lorsqu'elles sont à la tête d'un groupe, les SCPI ne sont pas tenues d'établir des comptes consolidés, cette obligation ne concernant que les sociétés mères commerciales.

Parmi les foncières, seules les SPPICAV et les SIIC peuvent donc être amenées à établir des comptes consolidés.

SECTION 2 - Les référentiels applicables

Il existe deux référentiels comptables : les normes IFRS, obligatoires pour les sociétés cotées, et les règles françaises.

Sociétés cotées : lorsqu'elles sont tenues d'établir des comptes consolidés, les sociétés cotées sur un marché réglementé doivent obligatoirement appliquer les normes comptables internationales adoptées par règlement de la Commission européenne (*International Financial Reporting Standards* ou IFRS).

L'ANC a publié une recommandation n°2020-01 du 6 mars 2020 relative au format des comptes consolidés établis selon les normes comptables internationales (hors établissements du secteur bancaire et organismes d'assurance) (ANC, 2020a).

Sociétés non cotées : ces dernières peuvent appliquer sur option soit les normes IFRS, soit les règles françaises figurant dans le Code de commerce, notamment aux articles L233-17-2 à L233-23 et à l'article L233-25, ainsi que dans le règlement ANC n°2020-01 du 9 octobre 2020 modifié (ANC, 2020b).

Les SPPICAV, n'étant pas cotées, ont la possibilité d'établir leurs comptes consolidés suivant les IFRS ou les règles françaises. Étant cotées, les SIIC doivent obligatoirement établir leurs comptes consolidés selon les normes IFRS.

SECTION 3 – Les règles de consolidation des IFRS

Nous examinons, dans une sous-section 1, le périmètre de consolidation ; dans une sous-section 2, l'évaluation des actifs et des passifs.

Sous-section 1 – Le périmètre de consolidation

Il y a lieu de distinguer l'intégration globale (paragraphe a), la prise en compte des partenariats (paragraphe b), la comptabilisation des entreprises associées (paragraphe c) et celle des autres actifs financiers (paragraphe d).

a) Intégration globale

Les entités sur lesquelles la société mère exerce un contrôle exclusif sont consolidées par intégration globale (IFRS 10) :

- cumul des postes du bilan, du compte de résultat et des flux de trésorerie de la filiale et de la société mère ;
- élimination de la valeur comptable des titres de la filiale dans le bilan de la société mère et de la quote-part de la société mère dans les capitaux propres de la filiale ;
- élimination des soldes et transactions internes au groupe. Les comptes ne reflètent que les opérations réalisées avec l'extérieur du groupe.

Les intérêts détenus par les minoritaires sont présentés au sein des capitaux propres dans le bilan consolidé séparément des intérêts détenus par les actionnaires de la société mère (« part du groupe »).

b) Partenariats

Les partenariats sont les accords par lesquels deux sociétés ou plus partagent le contrôle d'une activité. Ils prennent la forme soit de « *joint operations* » soit de « *joint-ventures* » dont les modalités de comptabilisation sont différentes.

Dans une *joint operation* (ou activité conjointe), les partenaires, appelés coparticipants, détiennent directement les actifs de l'activité. Ils sont responsables envers les tiers. Chaque coparticipant comptabilise les éléments suivants (IFRS 11) :

- les actifs dont il est propriétaire, y compris sa quote-part des actifs détenus conjointement le cas échéant ;
- ses passifs, y compris sa quote-part des passifs assumés conjointement le cas échéant ;
- sa quote-part des produits issus des ventes ;
- les charges qu'il a engagées, y compris sa quote-part des charges engagées conjointement le cas échéant.

En revanche, dans une *joint-venture* (ou coentreprise), les partenaires n'ont aucun droit sur les actifs – ceux-ci sont la propriété de l'entité – et ne sont pas responsables des dettes de cette dernière vis-à-vis des tiers.

Les *joint-ventures* sont comptabilisées selon la méthode de la mise en équivalence (IAS 28). La participation détenue par l'investisseur figure à l'actif de son bilan au coût d'acquisition, augmenté ou diminué de sa quote-part dans les résultats net de l'entité après la date d'acquisition. Lors de chaque exercice, l'investisseur comptabilise en outre, dans son compte de résultat, sa quote-part du résultat net de l'entité au titre de l'exercice concerné. Les dividendes reçus de l'entité viennent en diminution de la valeur comptable de la participation. Ils sont comptabilisés en « autres éléments du résultat global » (*Other Comprehensive Income* ou OCI) ; cette notion est définie au chapitre 10, section 4.

Lors de la comptabilisation des mises en équivalence, il n'y a pas lieu d'appliquer les procédures d'élimination des soldes, transactions, produits et charges intragroupes appliquées lors de la consolidation des filiales.

c) Entreprises associées

Les entités sur lesquelles la société consolidante exerce une influence notable (appelées « entreprises associées ») sont également comptabilisées selon la méthode de la mise en équivalence. L'influence notable consiste en la capacité de participer aux décisions liées aux politiques financières et opérationnelles de l'entité, sans toutefois exercer un contrôle exclusif ou conjoint sur ces politiques. Un investisseur est présumé exercer cette influence notable s'il détient, directement ou indirectement, 20 % ou plus des droits de vote de l'entité. En apportant la preuve contraire, il est possible cependant de réfuter cette présomption.

d) Autres actifs financiers

Lorsqu'il n'y a ni contrôle exclusif, ni contrôle conjoint, ni influence notable, la participation constitue un actif financier évalué à la juste valeur (sur cette notion, cf. ci-après le paragraphe « Modèles d'évaluation »).

Sous-section 2 – L'évaluation des actifs et des passifs

L'évaluation des actifs et des passifs s'effectue selon plusieurs modèles (paragraphe a). Chaque catégorie d'actifs ou de passifs doit suivre le modèle qui lui est applicable (paragraphe b).

a) Les modèles d'évaluation

Il s'agit du coût historique et des trois variantes de la valeur actuelle, à savoir la juste valeur, la valeur d'utilité (pour les actifs) ou de remboursement (pour les passifs) et le coût actuel. Nous précisons ci-après les notions de coût historique et de juste valeur.

- Le coût historique. Lors de leur entrée dans le patrimoine de l'entreprise, les actifs sont évalués au coût supporté pour les acquérir ou les créer, ce qui inclut le prix payé et les coûts de transaction. Ultérieurement, cette évaluation est révisée pour refléter l'amortissement, les dépréciations, ainsi que la sortie de tout ou partie de l'actif. Dans le cas d'un passif, l'évaluation initiale correspond à la valeur de la contrepartie reçue, diminuée des coûts de transaction. Ultérieurement, l'évaluation est révisée pour refléter l'exécution de tout ou partie de l'obligation, notamment les paiements ou, au contraire, l'effet d'événements rendant ce passif plus onéreux.
- La juste valeur. Celle-ci se définit comme « le prix qui serait reçu pour la vente d'un actif ou payé lors du transfert d'un passif lors d'une transaction normale entre intervenants du marché à la date d'évaluation » (IFRS 13). Tout profit ou perte résultant de la variation de la juste valeur doit être comptabilisé en résultat de la période au cours de laquelle il se produit.

b) Le modèle d'évaluation applicable aux principales catégories d'actifs et de passifs

Nous précisons ci-après les modèles applicables aux éléments d'actif et passif suivants : immobilisations corporelles, immobilisations incorporelles, immeubles de placement, actifs financiers et passifs financiers.

Immobilisations corporelles : deux modèles d'évaluation sont autorisés : le modèle du coût et celui de la réévaluation. Dans cette dernière méthode, l'immobilisation corporelle est réévaluée à sa juste valeur, les amortissements et pertes de valeur étant calculés sur la nouvelle base ultérieurement à la date de réévaluation.

Immobilisations incorporelles : elles sont généralement évaluées selon la méthode du coût. Le modèle de la réévaluation est autorisé, mais ne peut être utilisé en pratique faute de marché actif pouvant fournir une indication de juste valeur, les marques et brevets étant considérés comme des actifs uniques.

Note : le poste immobilisations incorporelles comporte en outre les logiciels. Il est généralement peu important dans les SIIC.

Immeubles de placement : ce sont les biens immobiliers (terrains, bâtiments) détenus par l'entreprise pour en retirer des loyers, en valoriser le capital ou poursuivre ces deux objectifs. Ils se distinguent des biens d'exploitation, tels que les usines ou les bâtiments administratifs, utilisés et occupés par leur propriétaire. La norme IAS 40 permet de valoriser les immeubles de placement selon le modèle du coût ou à la juste valeur.

Actifs financiers : il existe trois modèles d'évaluation : le coût amorti, la juste valeur en contrepartie des autres éléments du résultat global (OCI) et la juste valeur par résultat. Les instruments de capitaux propres détenus par l'entité, tels que les actions ordinaires sans droit de remboursement, sont évalués à la juste valeur par résultat. Les instruments de dette, par exemple les obligations, sont classés dans l'une ou l'autre des trois catégories en fonction du modèle de gestion (*business model*) qui leur est appliqué par l'entreprise et des caractéristiques de leurs flux de trésorerie contractuels.

Passifs financiers (ou dettes) : en règle générale, ils sont évalués au coût amorti, sinon à la juste valeur par résultat.

CHAPITRE 10
LES ÉTATS FINANCIERS CONSOLIDÉS

Les états financiers consolidés se composent des documents suivants :

- le bilan appelé « état de situation financière à la clôture de l'exercice » (section 1) ;
- l'état des variations des capitaux propres (section 2) ;
- l'état des flux de trésorerie de l'exercice (section 3) ;
- l'état du résultat global (section 4) ;
- et l'annexe. Celle-ci ne sera pas développée dans ce chapitre. Elle décrit les méthodes comptables appliquées et contient les informations non présentées dans les autres états mais pertinentes pour leur interprétation.

SECTION 1 – L'état consolidé de la situation financière (bilan)

Dans ce document, les actifs et les passifs doivent être répartis entre éléments courants et non courants (sous-section 1). En outre, à l'intérieur de l'actif, du passif externe et des capitaux propres, l'usage de certaines rubriques est obligatoire (sous-section 2).

Sous-section 1 - Distinction entre actifs et passifs courants et non courants

Les actifs et les passifs doivent être présentés en distinguant les éléments courants et non courants.

Les éléments courants sont les éléments actifs ou passifs que l'entreprise détient dans une perspective de court terme. Ils incluent :

- Les éléments d'actif ou de passif qui n'ont vocation à être présents dans l'entreprise que pendant la durée d'un cycle normal d'exploitation ou dans les douze mois suivant la date de clôture de l'exercice. Durant cette période, l'élément d'actif est réalisé (par exemple disparition d'une créance client du fait de son encaissement), consommé ou vendu, l'élément de passif est réglé. Lorsque le cycle d'exploitation d'une entité n'est pas clairement identifiable, sa durée présumée est fixée à douze mois.
- La trésorerie active (comptes bancaires et dépôts à court terme) ou passive (partie à court terme des découverts bancaires).

Tous les éléments d'actif ou de passif autres que ceux mentionnés ci-dessus sont à classer en non courant. Le classement s'effectue en prenant en compte la situation à la clôture de l'exercice. Ainsi, la dette arrivant à échéance plus de douze mois après la date de clôture de l'exercice est à classer en non courant.

Les immeubles de placement, qui sont les biens immobiliers détenus par l'entreprise pour en tirer des revenus réguliers (location à des tiers) ou en valoriser le capital, sont des actifs non courants.

Les impôts différés, actifs et passifs, sont à classer en non courant, quelle que soit la date d'échéance prévisionnelle du montant déductible (dans le cas d'un impôt différé actif) ou imposable (dans le cas d'un impôt différé passif).

Note : les impôts différés résultent d'opérations déjà réalisées, non prises en compte dans le calcul de l'impôt de l'exercice, qui se traduiront par des différences entre le résultat fiscal et le résultat comptable d'exercices ultérieurs, ce qui conduit à constater dans les comptes de l'exercice clos des actifs d'impôts (future économie d'impôt) ou des passifs d'impôts (imposition future) qualifiés d'impôts différés (actifs ou passifs).

Sous-section 2 – Les rubriques obligatoires

L'utilisation de certaines rubriques est obligatoire. Celles-ci constituent un minimum. La société-mère doit utiliser toute autre rubrique, poste ou sous-total qui se révélerait nécessaire à la compréhension de l'état de situation financière. Nous mentionnons les rubriques obligatoires de l'actif (paragraphe a), du passif externe (paragraphe b) et des capitaux propres (paragraphe c).

a) L'actif

Il comporte les subdivisions minimales suivantes :

Actifs non courants :

- immobilisations corporelles ;
- immeubles de placement ;
- immobilisations incorporelles (logiciels) ;
- actifs financiers, notamment titres des filiales, obligations émises par d'autres entités, prêts consentis par l'entreprise ;
- participations comptabilisées selon la méthode de la mise en équivalence ;
- actifs d'impôts différés.

Actifs courants :

- actifs détenus en vue de la vente ;
- comptes clients et autres débiteurs ;

- créances d'impôt au titre de l'exercice ;
- trésorerie et équivalents de trésorerie.

b) Le passif externe

Il comporte les subdivisions minimales suivantes :

Passifs non courants :

- passif financier non courant ;
- provisions non courantes ;
- passifs d'impôts différés ;

Passifs courants :

- passif financier courant ;
- provisions courantes ;
- passifs liés à des actifs détenus en vue de la vente ;
- fournisseurs et autres créditeurs ;
- dettes d'impôt au titre de l'exercice.

c) Les capitaux propres

Ils doivent être ventilés au minimum de la façon suivante :

- capital émis et réserves attribuables aux détenteurs du capital de la société mère ;
- intérêts minoritaires (ou participations ne donnant pas le contrôle, *non controlling interests*). Ceux-ci sont la partie du capital des filiales qui n'appartient pas, directement ou indirectement, à la société mère.

SECTION 2 – L'état des variations des capitaux propres

La variation des capitaux propres (ou actif net) entre le début et la clôture de l'exercice reflète :

- les opérations réalisées par les actionnaires, comme une augmentation de capital ou la distribution de dividendes lors de l'affectation du résultat de l'exercice précédent ;
- le résultat net et les « autres éléments du résultat global /OCI » de l'exercice.

Rappel : la notion d'OCI est définie à la section 4.

SECTION 3 – L'état des flux de trésorerie consolidé

Cet état récapitule les entrées et sorties de trésorerie ou équivalents de trésorerie entre le début et la clôture de l'exercice. Il permet de connaître la capacité de l'entreprise à générer de la trésorerie, ainsi que le niveau de ses besoins dans ce domaine et l'utilisation qu'elle en fait.

Les équivalents de trésorerie sont des placements à court terme, très liquides et soumis à un risque négligeable de changement de valeur : dépôts à court terme, fonds monétaires court terme.

Les flux de trésorerie doivent être répartis en trois catégories :

- flux des activités opérationnelles : ils correspondent aux entrées de trésorerie provenant de la vente de biens ou de la réalisation de prestations de services, aux sorties de trésorerie résultant du paiement des fournisseurs, du versement des salaires ou du paiement de l'impôt sur les bénéfices, etc. ;
- flux des activités d'investissement : ils sont générés par l'acquisition ou la cession d'actifs ou de placements à long terme, tels que les immobilisations corporelles ou incorporelles ou les titres de participation ; ils correspondent aussi à l'octroi de prêts aux filiales ou à leur remboursement par ces dernières ;
- flux des activités de financement : ils recouvrent principalement les flux liés aux augmentations ou réductions de capital, à l'émission ou au remboursement d'emprunts ordinaires ou obligataires par l'entreprise.

Les intérêts et les dividendes, reçus ou versés, se classent dans l'une ou l'autre des catégories ci-dessus. La société doit appliquer la méthode de classement retenue de façon constante.

Les opérations sans effet sur la trésorerie, telles que les dépréciations, les amortissements et les provisions ou la variation de valeur des immeubles de placement, sont exclues de l'état des flux de trésorerie.

SECTION 4 – L'état du résultat global

Il comprend deux parties :

- La première est constituée du compte de résultat qui permet de déterminer le résultat net de l'ensemble consolidé au titre de l'exercice. Le résultat net constitue un indicateur de performance.
- La seconde partie, intitulée « autres éléments du résultat global » (*Other Comprehensive Income* ou OCI), comprend les variations de valeur comptable d'éléments d'actif ou de passif au cours de l'exercice non constatées dans le compte de résultat car considérées comme ne reflétant pas la performance du groupe. Ces éléments sont comptabilisés en OCI en contrepartie d'un compte de réserves dans les capitaux propres. Leur incidence est donc prise en compte dans l'appréciation de la situation financière du groupe.

Part du groupe et intérêts minoritaires : le résultat net consolidé, de même que le résultat global total, doivent être ventilés entre la part du groupe (l'ensemble des actionnaires de la société mère) et les intérêts minoritaires (partie du capital des filiales qui n'appartient pas, directement ou indirectement, à la société mère).

Nous examinons tout d'abord le compte de résultat consolidé (sous-section 1), puis les autres éléments du résultat global (sous-section 2).

Sous-section 1 – Le compte de résultat consolidé

Il existe plusieurs présentations du compte de résultat consolidé. Jusqu'au résultat d'exploitation, la présentation du document est identique. Ensuite, en fonction du positionnement des différentes catégories de produits et de charges, il est possible de faire apparaître, comme solde intermédiaire, soit le résultat opérationnel, soit le résultat récurrent.

Le choix de l'un ou l'autre de ces soldes modifie la suite du compte de résultat dans sa totalité. Bien entendu, le résultat final est inchangé quelle que soit la présentation adoptée à l'intérieur du document.

Nous étudions le compte de résultat consolidé d'une SIIC que nous appellerons Hector. Nous présentons tout d'abord son résultat d'exploitation (paragraphe a) puis son résultat opérationnel (paragraphe b) et son résultat récurrent (paragraphe c). Le paragraphe d) est consacré au passage du résultat récurrent au résultat opérationnel.

a) Le résultat d'exploitation consolidé

Il se présente ainsi :

Tableau 10.1. – Résultat d'exploitation consolidé de la SIIC Hector – exercice N - (en millions d'euros)

Revenus locatifs bruts	559
Charges locatives et immobilières nettes	– 42
Revenus locatifs nets	*517*
Marge opérationnelle des autres activités	5
Frais de structure	– 72
Autres produits d'exploitation	4
Autres charges d'exploitation	0
Excédent brut d'exploitation consolidé (EBE)	**454**

Amortissement des biens d'exploitation	– 6
Variation nette des provisions	9
Résultat d'exploitation consolidé courant	**457**
Autres produits d'exploitation non courants	0
Autres charges d'exploitation non courantes	0
Résultat d'exploitation consolidé	**457**

Nous précisons ci-après les notions de « charges locatives et immobilières », de « marge opérationnelle des autres activités », de « frais de structure », « d'amortissement des biens d'exploitation », « d'autres produits d'exploitation non courants » et « d'autres charges d'exploitation non courantes ».

Charges locatives et immobilières : elles se composent essentiellement des achats et services externes, des charges de personnel des immeubles, des travaux d'entretien et réparation et des taxes locales. Leur montant net correspond à la partie non refacturée aux locataires ainsi qu'au coût lié aux contentieux et aux loyers impayés.

Marge opérationnelle des autres activités : il s'agit de la marge opérationnelle réalisée par la SIIC dans ses activités accessoires (situées en dehors du cadre de l'article 208 C du CGI définissant les activités exonérées) comme la promotion, les opérations de crédit-bail dans lesquelles la société est crédit-bailleur ou l'exploitation hôtelière.

Frais de structure : dans une SIIC, ces frais comprennent essentiellement les charges de personnel de la société (à l'exception de celles liées aux employés d'immeubles comprises dans les charges immobilières), les honoraires payés par la société et les frais de fonctionnement de son siège social. Dans une SPPICAV, ces frais sont limités aux honoraires dans la mesure où la SPPICAV qui est gérée par sa société de gestion ne possède pas de personnel.

Amortissement des biens d'exploitation : ces biens sont ceux à partir desquels la SIIC exerce son activité, comme les locaux de son siège social et ses propres bureaux. Cette rubrique n'existe pas dans les SPPICAV puisque celles-ci sont gérées dans les locaux de leur société de gestion.

Autres produits d'exploitation non courants et autres charges d'exploitation non courantes : l'entreprise enregistre dans des comptes dédiés les produits et les charges liés à certains événements majeurs intervenus durant l'exercice qui risquent de fausser la lecture de sa performance courante. Ces comptes sont placés entre le résultat d'exploitation courant, dont ils sont exclus, et le résultat d'exploitation dont ils font partie. Il s'agit « de produits ou charges en nombre très limité, inhabituels, anormaux et peu fréquents - de montant particulièrement significatif - que l'entreprise présente de manière distincte dans son compte de résultat pour faciliter la compréhension de la performance opérationnelle courante et permettre au lecteur de disposer d'éléments utiles dans une approche prévisionnelle des résultats » (ANC, 2020a).

Note : dans le compte de résultat consolidé, le mot « courant » est utilisé dans son sens habituel, et non dans le sens particulier qui lui est donné dans le bilan consolidé dans la distinction entre actifs et passifs courants et non courants.

b) Le résultat opérationnel

Le référentiel IFRS ne définit pas la notion de résultat opérationnel. La société consolidante doit néanmoins s'assurer que l'ensemble des résultats afférents aux activités opérationnelles de son groupe sont inclus dans cet agrégat. Celui-ci doit donc prendre en compte dans le cas d'une société immobilière :

- le résultat des cessions d'immeubles de placement ;
- le résultat des cessions de titres de participation (titres consolidés et autres titres immobilisés) ;
- et les variations de la juste valeur des immeubles de placement.

Le résultat opérationnel correspond au solde des produits et des charges avant que ne soient pris en compte les résultats des activités financières, des sociétés mises en équivalence, des activités abandonnées et l'impôt. Il se rapproche de l'EBIT (*Earnings Before Interest and Taxes*).

Nous présentons ci-après la suite du compte de résultat de la société Hector, du résultat d'exploitation au résultat final (résultat net consolidé part du groupe), avec le résultat opérationnel en solde intermédiaire.

Tableau 10.2. – Compte de résultat consolidé de la SIIC Hector incluant le résultat opérationnel – exercice N – (en millions d'euros)

Résultat d'exploitation	457
Résultat des cessions d'immeubles de placement et de titres de participation	20
Variation de la juste valeur des immeubles de placement	1 527
Résultat opérationnel	**2 004**
Produits financiers	4
Charges financières	- 108
Variation de la juste valeur des instruments financiers	13
Quote-part du résultat net des sociétés mises en équivalence	5
Résultat avant impôt	1 918
Charge d'impôt	- 7
Résultat net consolidé	1 911
Intérêts minoritaires	- 15
Résultat net consolidé part du groupe	1 896

c) Le résultat récurrent

Cet agrégat ne comprend que les résultats récurrents réalisés par le groupe dans ses activités opérationnelles.

Il exclut le résultat des cessions d'immeubles de placement, le résultat des cessions de titres de participation et la variation de la juste valeur des immeubles de placement, alors que ces rubriques sont comprises dans le résultat opérationnel.

En revanche, le résultat récurrent inclut les produits financiers et les charges financières, exclues du résultat opérationnel.

Résultat opérationnel et résultat récurrent excluent la variation de la juste valeur des instruments financiers.

La quote-part du résultat net des sociétés mises en équivalence est exclue du résultat opérationnel, mais incluse dans le résultat récurrent.

Nous présentons ci-après la suite du compte de résultat de la société Hector, du résultat d'exploitation au résultat final (résultat net consolidé part du groupe), avec le résultat récurrent en solde intermédiaire.

Tableau 10.3. – Compte de résultat consolidé de la SIIC Hector incluant le résultat récurrent – exercice N – (en millions d'euros)

Résultat d'exploitation	**457**
Produits financiers	4
Charges financières	– 108
Résultat récurrent brut	**353**
Quote-part du résultat net des sociétés mises en équivalence	5
Intérêts minoritaires	– 15
Charge d'impôt	– 7
Résultat récurrent net part du groupe	**336**
Résultat des cessions d'immeubles de placement et de titres de participation	20
Variation de la juste valeur des immeubles de placement	1 527
Variation de la juste valeur des instruments financiers	13
Résultat net consolidé part du groupe	**1 896**

d) Passage du résultat opérationnel au résultat récurrent

Le passage du résultat opérationnel au résultat récurrent s'effectue de la façon suivante.

Tableau 10.4. - Réconciliation entre le résultat opérationnel et le résultat récurrent – SIIC Hector – Comptes consolidés de l'exercice N – (en millions d'euros)

Résultat opérationnel	2 004
Exclure :	
Résultat des cessions d'immeubles de placement et de titres de participation	– 20
Variation de la juste valeur des immeubles de placement	– 1 527
= Résultat d'exploitation	*457*
Inclure :	
Produits financiers	4
Charges financières	– 108
= Résultat récurrent brut	*353*

Inclure :	
Quote-part du résultat net des sociétés mises en équivalence	5
Intérêts minoritaires	– 15
Charge d'impôt	– 7
Résultat récurrent net part du groupe	336

Sous-section 2 - Les autres éléments du résultat global

Les autres éléments du résultat global (*Other Comprehensive Income* / OCI) comprennent les produits et les charges non inclus dans le résultat net. Nous rappelons que ces éléments inscrits en OCI ont pour contrepartie un compte de réserves dans les capitaux propres. Ils doivent être ventilés entre ceux qui sont recyclables en résultat net et ceux qui ne le sont pas.

Tableau 10.5. – Passage du résultat net au résultat global total

Résultat net de l'ensemble consolidé
+/- Autres éléments du résultat global qui ne seront pas reclassés ultérieurement en résultat net (éléments non recyclables)
+/- Autres éléments du résultat global qui seront reclassés ultérieurement en résultat net lorsque certaines conditions seront remplies (éléments recyclables)
Résultat global total
- dont part du groupe
- dont intérêts minoritaires

Éléments non recyclables : cette rubrique comprend par exemple :

- la variation de valeur des titres non consolidés ;
- les écarts actuariels liés à la réévaluation du passif net (ou de l'actif net) des régimes à prestations définies. Dans ces régimes, l'entreprise s'engage à verser aux membres de son personnel des prestations définies lorsqu'ils partiront en retraite. Cette obligation donne lieu à la constatation d'un passif. Le risque actuariel et le risque de placement (si le régime est financé par des actifs) sont supportés par l'employeur. Les écarts actuariels résultent d'ajustements liés à l'expérience (constatation de taux de rotation du personnel plus faibles ou plus élevés que ce qui était prévu, augmentation des coûts médicaux) ou à des changements d'hypothèses actuarielles (changement des taux d'actualisation, transformation des rentes en capital). Cette rubrique

existe dans les SIIC mais non dans les SPPICAV puisque ces dernières, étant gérées par leur société de gestion, ne possèdent pas de personnel.

Éléments recyclables : il s'agit par exemple :

- des écarts de change liés à la conversion des comptes de sociétés étrangères ayant une monnaie fonctionnelle autre que l'euro. À la date de clôture du bilan, les comptes de ces filiales sont convertis en euros. L'utilisation pour cette conversion d'un taux de change différent de celui qui avait été retenu lors de la comptabilisation initiale de ces sociétés génère des écarts de change, que l'entreprise comptabilise en OCI, avec pour contrepartie un compte de réserves dans les capitaux propres. Lorsqu'une activité à l'étranger est cédée, le montant cumulé des écarts de change sort du compte de réserves pour être comptabilisé dans le compte de résultat ;
- de la part efficace des profits et pertes sur instrument de couverture des flux de trésorerie (*cash-flow hedge* / CFH). Il peut s'agir, par exemple d'un *swap* de taux. Une entreprise ayant contracté auprès d'une première banque un emprunt à taux variable, conclut avec une seconde banque un *swap* de taux en vertu duquel elle paiera à cette seconde banque un taux fixe et recevra d'elle le taux variable. L'instrument de couverture (le *swap* de taux) est évalué à sa juste valeur au bilan. Les variations (gains ou pertes) de cette juste valeur sont comptabilisées en OCI pour la « partie efficace » de la couverture (au sens d'IFRS 9) et dans le compte de résultat pour sa « partie inefficace ».

CHAPITRE 11
LES RÈGLES D'IMPOSITION DES PERSONNES PHYSIQUES DÉTENTRICES DE TITRES DE FONCIÈRES

Le revenu global des personnes physiques se compose de différents revenus catégoriels, notamment traitements, salaires et pensions, revenus fonciers, bénéfices industriels et commerciaux (BIC), revenus de capitaux mobiliers, plus-values de cession. Bien qu'ils soient imposés ensemble à l'impôt sur le revenu, les différents revenus catégoriels sont déterminés distinctement selon les règles propres à chaque catégorie. Une fois déterminés, certains revenus sont additionnés pour être soumis globalement au barème progressif, comportant plusieurs tranches, soumises chacune à un taux différent qui s'élève progressivement en fonction de l'importance des revenus. Les autres revenus font l'objet d'un taux d'imposition proportionnel. Les particuliers supportent, par ailleurs, sur l'ensemble de leurs revenus, les prélèvements sociaux.

L'entité ou sa société de gestion récapitule dans l'imprimé fiscal unique (IFU) les différents montants que doit déclarer le contribuable.

Ce chapitre est consacré à la fiscalité de droit commun applicable aux particuliers détenteurs de titres de foncières. Nous examinons les règles d'imposition des revenus distribués (section 1) ainsi que celles relatives aux plus-values réalisées par les particuliers lors de la revente ou du rachat de leurs titres (section 2). Nous verrons que les parts ou actions émises par les foncières ne sont pas éligibles au plan d'épargne en actions (PEA) (section 3), qu'en revanche, elles peuvent servir de support à des unités de compte dans un contrat d'assurance-vie (section 4) et que les parts de SCPI ainsi que les parts ou actions d'OPCI sont prises en compte pour la détermination du patrimoine immobilier dans le cadre de l'impôt sur la fortune immobilière (IFI) ; les actions de SIIC en règle générale en sont exclues (section 5).

Dans le chapitre 12, nous approfondirons les règles relatives aux revenus fonciers. Nous verrons que les SCPI qui se placent dans le droit commun des revenus fonciers n'adoptent pas toutes le même modèle économique. D'autres SCPI exercent leurs activités dans le cadre de dispositifs fiscaux dérogatoires.

SECTION 1 – Les revenus distribués

Nous examinons les revenus distribués (ou réputés distribués) par les SCPI (sous-section 1), puis ceux distribués par les SPPICAV et les SIIC (sous-section 2) et les FPI (sous-section 3).

Sous-section 1 – Les revenus distribués (ou réputés distribués) par les SCPI

Les SCPI relèvent du régime fiscal des sociétés de personnes prévu à l'article 8 du Code général des impôts. Les résultats sont déterminés et déclarés au niveau de la société, mais l'imposition s'effectue au niveau des associés. Ceux-ci sont personnellement imposables sur la part correspondant à leurs droits dans les résultats de la société, « même si ces bénéfices ne sont pas effectivement distribués mais mis en réserve ». « La part de résultats sociaux [est] regardée comme acquise à la clôture de chaque exercice ». (BOFIP, 2020b).

Les revenus à déclarer par les associés, au titre des résultats réalisés par la SCPI, sont des revenus fonciers (paragraphe a), des revenus de capitaux mobiliers (paragraphe b), des plus-values de cession d'immeubles (paragraphe c) ou des plus-values de cession de titres de sociétés à prépondérance immobilière (paragraphe d).

a) Les revenus fonciers

Ils sont constitués des revenus procurés par la location nue, déterminés sous le régime réel d'imposition ou le micro-foncier et soumis au barème progressif de l'impôt sur le revenu. Ils supportent en outre les prélèvements sociaux au taux de 17,2 %.

- **Le régime réel**

Il est obligatoire lorsque les revenus fonciers bruts (comprenant uniquement les recettes sans déduire les dépenses) sont supérieurs à 15 000 euros ou proviennent exclusivement de parts de SCPI ou encore proviennent de locations nues bénéficiant de certains dispositifs fiscaux spécifiques. Nous examinons la détermination du résultat foncier net, puis l'imputation du déficit foncier éventuel.

– Les revenus fonciers nets correspondent à la différence entre les loyers encaissés par la SCPI et les dépenses dont le Code général des impôts admet la déduction. Ces dernières comprennent notamment (article 31 du CGI) :

- les dépenses d'entretien et de réparation et certaines dépenses d'amélioration ;
- les provisions pour charges de copropriété ;
- les frais de gestion ;
- les coûts d'assurance et de contentieux ;
- les taxes foncières et taxes annexes ;
- les intérêts liés à l'emprunt éventuellement souscrit par la SCPI pour la conservation, l'acquisition, la construction, la réparation ou l'amélioration du bien immobilier.

Cette liste n'est pas limitative. À l'exception des dépenses expressément écartées par le CGI, la SCPI peut déduire l'ensemble des « dépenses effectuées en vue de l'acquisition et de la conservation du revenu » (article 13, I du CGI).

Comme précisé ci-dessus, l'article 31 du CGI autorise la déduction des dépenses d'entretien et de réparation et de certaines dépenses d'amélioration.

Les dépenses d'entretien et de réparation correspondent aux « travaux ayant pour objet de maintenir ou de remettre un immeuble en bon état et d'en permettre un usage normal, conforme à sa destination, sans en modifier la consistance, l'agencement ou l'équipement initial » (BOFIP, 2012b). Ne sont déductibles que les dépenses à la charge du propriétaire. Sauf exceptions, le bailleur ne peut déduire les dépenses de réparation à la charge du locataire, même s'il les a réglées lui-même sans en être remboursé.

Les dépenses d'amélioration sont « celles qui ont pour objet d'apporter à un immeuble un équipement ou un élément de confort nouveau ou mieux adapté aux conditions modernes de vie, sans modifier cependant la structure de cet immeuble », par exemple, installation du chauffage central, d'une salle d'eau ou d'un ascenseur (BOFIP, 2012b). Le bailleur peut déduire ces dépenses dans le cas de locaux d'habitation. Dans le cas de locaux professionnels ou commerciaux, il ne peut déduire que les dépenses d'amélioration destinées à protéger des effets de l'amiante ou à favoriser l'accueil des personnes handicapées.

En revanche, dans le régime de droit commun des revenus fonciers, les dépenses d'acquisition ainsi que celles afférentes à des travaux de construction, reconstruction ou agrandissement (article 31, I-1°, b et b bis) ne sont pas déductibles.

Note : ces dépenses ne peuvent pas non plus faire l'objet d'un amortissement, consistant à passer en charges chaque année une fraction du prix de revient de l'actif jusqu'à l'épuisement de ce montant. Dans le régime des revenus fonciers, il n'y a pas d'amortissements.

Comme nous le verrons dans la suite de ce chapitre, les dépenses de construction, reconstruction et agrandissement sont prises en compte en cas de revente du bien. Elles majorent le prix d'acquisition lors du calcul de la plus-value imposable.

– En cas de bénéfice foncier, celui-ci s'ajoute aux autres revenus du contribuable imposés au barème progressif de l'impôt sur le revenu. Dans l'hypothèse inverse, lorsque les dépenses foncières déductibles sont supérieures aux recettes foncières, l'excédent de dépenses (le déficit) fait l'objet d'un traitement fiscal particulier, qui diffère suivant le montant et l'origine du déficit.

La partie du déficit provenant de dépenses déductibles des revenus fonciers, à l'exception de celle provenant des intérêts de l'emprunt que le contribuable a souscrit pour l'achat des parts, vient en déduction de son revenu global (salaires, pensions de retraite, bénéfices industriels et commerciaux, bénéfices non commerciaux) dans la limite annuelle de 10 700 euros. Pour l'application de cette règle, le revenu global ne comprend que les revenus soumis au barème progressif, à l'exclusion de ceux soumis à un taux proportionnel forfaitaire (Conseil d'État, 20 octobre 2000, n° 178106). Lorsque le revenu global est insuffisant pour absorber la fraction du déficit foncier comprise dans la limite de 10 700 euros imputable sur lui, le montant n'ayant pu être déduit est imputable sur le revenu global des six années suivantes. L'imputation des déficits fonciers sur le revenu global n'est définitivement acquise que si les parts ayant généré le déficit sont conservées par le contribuable jusqu'au 31 décembre de la troisième année suivant celle au titre de laquelle l'imputation a été effectuée.

La fraction du déficit supérieure à 10 700 euros ainsi que celle provenant des intérêts d'emprunt ne sont imputables que sur les revenus fonciers des dix années suivantes.

Note : Le revenu brut est toujours réputé compenser prioritairement les intérêts d'emprunt (BOFIP, 2017a).

- **Le micro-foncier**

Ce régime d'imposition s'applique de plein droit lorsque les recettes foncières brutes n'excèdent pas 15 000 euros et qu'elles proviennent, au moins partiellement, de la location nue en direct par le contribuable d'un bien immobilier lui appartenant en dehors de certains dispositifs spéciaux d'investissement locatif. Le contribuable bénéficie d'un abattement de 30 % sur les loyers bruts. Cet abattement est représentatif de l'ensemble de ses charges. Aucune charge supplémentaire ne peut être déduite. En particulier, le contribuable ne peut déduire les intérêts de l'emprunt qu'il a souscrit personnellement pour l'achat des parts. Si le contribuable estime que ses charges réelles sont supérieures à 30 %, notamment en raison d'intérêts d'emprunt, il peut opter pour le régime réel. Cette option s'applique obligatoirement pour une période de trois ans.

b) Revenus des capitaux mobiliers

Les revenus que la SCPI tire du placement de sa trésorerie, par exemple, les intérêts des dépôts ou des comptes courants, constituent des « produits de placement à revenu fixe » entrant dans la catégorie des revenus de capitaux mobiliers.

Lorsque la SCPI encaisse ces revenus, elle retient un montant de 12,8 % au titre du prélèvement forfaitaire non libératoire (PFNL) qui constitue un acompte d'impôt sur le revenu. Les personnes physiques dont le revenu fiscal de référence de l'avant-dernière année est inférieur à 25 000 euros (contribuables célibataires, divorcés ou veufs) ou 50 000 euros (contribuables soumis à imposition commune) peuvent demander à être dispensés de cet acompte (article 125 A du CGI). Au moment de l'encaissement du revenu, la SCPI retient, en outre, un montant de 17,2 % au titre des prélèvements sociaux, qui s'ajoute à l'acompte d'impôt sur le revenu et présente un caractère définitif.

Le contribuable inclut, dans sa déclaration annuelle de revenus, le montant brut de sa quote-part des revenus de capitaux mobiliers encaissés par la SCPI (PFNL non déduit). Ce montant brut est soumis au prélèvement forfaitaire unique (PFU ou *flat tax*) de 12,8 %, à moins que le contribuable n'opte pour son imposition au barème progressif.

En cas d'application du PFU, dont le taux est identique à celui du PFNL, il n'y a pas d'imposition complémentaire.

Lorsque le contribuable opte pour le barème progressif de l'impôt sur le revenu, cette option est globale et s'applique à l'ensemble des autres revenus susceptibles de donner lieu au PFU. La SCPI n'étant pas soumise à l'IS, les revenus de capitaux mobiliers encaissés par elle ne donnent pas lieu chez le contribuable à l'abattement de 40 % applicable aux dividendes et revenus assimilés versés par les sociétés soumises à cet impôt.

Une fraction des prélèvements sociaux, soit 6,8 %, est déductible du revenu global imposable en cas d'option pour le barème progressif.

L'application du barème progressif, dont les différentes tranches sont de 11 %, 30 %, 41 % et 45 %, peut dans certaines circonstances se révéler plus favorable que la *flat tax*. Il en est ainsi lorsque le taux d'imposition effectif du contribuable est inférieur à 12,8 % par application du quotient familial ou imputation de réductions ou crédits d'impôt.

c) Plus-values de cession d'immeubles

Les cessions d'immeubles réalisées par une SCPI relèvent du régime d'imposition des plus-values immobilières des particuliers. Lors de la vente, la SCPI encaisse le prix de vente diminué de l'impôt sur la plus-value, réglé concomitamment. L'impôt ayant été réglé par la société, il n'y a pas d'imposition complémentaire chez le porteur de parts. L'impôt sur le revenu est perçu au taux de 19 %. Sont également applicables les prélèvements sociaux au taux de 17,2 % et, le cas échéant, la taxe sur les plus-values supérieures à 50 000 euros.

Nous examinons ci-après les principales caractéristiques de ce régime d'imposition, à savoir les modalités de détermination de la plus-value brute, les abattements pour durée de détention, l'exonération des cessions dont le prix est inférieur ou égal à 15 000 euros et enfin l'absence de prise en compte des moins-values.

- **Détermination de la plus-value brute**

Pour le calcul de la plus-value, le prix d'acquisition fait l'objet de majorations au titre des frais d'acquisition et des dépenses de construction, reconstruction, agrandissement et amélioration. En revanche, il n'est pas tenu compte des dépenses d'entretien et de réparation. Nous étudions ces différents points.

– Le prix d'acquisition est tout d'abord majoré des frais d'acquisition définis par décret (article 41 duovicies I de l'annexe III au CGI) retenus pour leur montant réel, à moins que le vendeur ne choisisse le forfait de 7,5 %.

– En ce qui concerne les dépenses de construction, reconstruction, agrandissement et amélioration, plusieurs points sont à considérer : la prise en compte des dépenses réelles répondant à certaines conditions, une « mesure de tempérament », le cas particulier des dépenses de travaux dans le cadre de la vente d'immeuble à rénover (VIR) et le forfait pour travaux dans le cas d'immeubles acquis depuis plus de cinq ans.

Prise en compte des dépenses réelles répondant à certaines conditions : pour le calcul de la plus-value, le prix d'acquisition est également majoré du montant réel des dépenses de construction, reconstruction, agrandissement et amélioration, supportées par le vendeur et réalisées par une entreprise depuis l'achèvement de l'immeuble ou son acquisition par le vendeur si cette date est postérieure, à condition qu'elles n'aient pas déjà été prises en compte pour le calcul de l'impôt sur le revenu et qu'elles ne présentent pas le caractère de dépenses locatives (article 150 VB, II, 4° du CGI).

« Mesure de tempérament » : lorsqu'un dispositif fiscal est ouvert à la fois « à l'acquisition de logements neufs ou en VÉFA et à l'acquisition de logements en vue de travaux », l'Administration fiscale admet par « mesure de tempérament » que les dépenses de travaux compris dans la base de certaines réductions d'impôt « ne soient pas exclues de la majoration [du prix d'acquisition] pour travaux pour le calcul de la plus-value, à la condition qu'elles aient été réalisées avant la première mise en location du logement ». L'objet de cette mesure est de ne pas pénaliser « les contribuables [ayant] fait construire un logement, acquis un logement inachevé, acquis un local qu'ils ont ensuite transformé en logement ou acquis un logement en vue de la réalisation de travaux par rapport à ceux qui ont acquis un logement neuf ou en l'état futur d'achèvement ». Elle n'est pas applicable aux dispositifs qui ne sont ouverts qu'à l'acquisition d'immeubles en vue de travaux, ce qui est le cas notamment des dépenses de restauration immobilière « Malraux » (BOFIP, 2013).

Le cas particulier de la vente d'immeuble à rénover (VIR) : conformément à l'article 150 VB, I, alinéa premier du CGI, le prix d'acquisition à retenir pour le calcul de la plus-value, lorsque le bien cédé avait été acquis sous le régime de la vente d'immeuble à rénover, est « celui stipulé dans l'acte qui comprend à la fois le prix de l'existant et celui des travaux de rénovation ». « Corrélativement, lesdits travaux ne peuvent venir [en sus] en majoration du prix d'acquisition » (BOFIP, 2012a).

Note : nous rappelons que le contrat de VIR est régi par le CCH dont les dispositions s'appliquent obligatoirement lorsque les conditions suivantes sont réunies : le bien relève du secteur protégé, c'est-à-dire qu'il est à usage d'habitation ou à usage professionnel et d'habitation ;

le vendeur s'oblige à y effectuer, directement ou indirectement, des travaux dans un délai déterminé au contrat ; ces travaux ne sont pas des travaux d'agrandissement ou de restructuration complète de l'immeuble, assimilables à une reconstruction ; le vendeur reçoit des paiements de l'acquéreur avant la livraison des travaux. Le calendrier des versements est fixé à l'article R262-10 du CCH.

Néanmoins, selon l'Administration fiscale, lorsque des travaux de restauration immobilière « Malraux » sont réalisés dans le cadre d'une VIR, l'article 150 VB, II, 4° du CGI fait obstacle à ce que leur montant soit inclus dans le prix d'acquisition pour le calcul de la plus-value, dès lors que ces dépenses ont déjà été prises en compte pour la détermination de l'impôt sur le revenu [en ouvrant droit à une réduction d'impôt] (Frassa, 2019).

Dans son jugement du 10 février 2025, le tribunal administratif de Paris a adopté la position contraire aux motifs suivants :

« Dès lors que le montant correspondant au prix des travaux est [...] partie intégrante du prix d'acquisition de l'immeuble, il n'entre pas dans le champ d'application du 4° du II de l'article 150 VB du Code général des impôts, qui ne concerne que les dépenses de travaux, distinctes, qui ont été effectuées depuis l'achèvement de l'immeuble, ou son acquisition si elle est postérieure, et qui n'ont pas été prises en compte pour la détermination du prix d'acquisition ».

« Ainsi, aucune disposition ne fait obstacle à ce que les contribuables bénéficiant de la réduction d'impôt Malraux puissent bénéficier [pour la détermination du montant de la plus-value de cession] de la prise en compte, dans le prix de revient de l'immeuble, des travaux réalisés dans le cadre du contrat de vente d'immeuble à rénover ».

Forfait pour travaux : lorsque l'immeuble cédé avait été acquis depuis plus de cinq ans, le prix d'acquisition peut être majoré d'un montant forfaitaire de 15 % au titre des travaux, sans justificatif et sans qu'il y ait lieu de rechercher si les dépenses de travaux ont déjà été prises en compte pour l'assiette de l'impôt sur le revenu (BOFIP, 2013). Cette règle a été édictée en faveur du contribuable qui « n'est pas en état d'apporter la justification des dépenses [de travaux] » ; dans un petit nombre d'affaires, dans lesquelles le vendeur avait déclaré n'avoir réalisé aucuns travaux, le bénéfice du forfait lui a été refusé.

Dès lors que l'immeuble a été acquis depuis plus de cinq ans, cette dernière disposition est susceptible de s'appliquer en cas de cession d'un immeuble loué dans le cadre du dispositif « Malraux ».

– Les dépenses d'entretien et de réparation ne viennent jamais en majoration du prix d'acquisition dans le calcul du montant de la plus-value imposable.

Note : les précisions du présent paragraphe relatives au dispositif « Malraux » s'appliquent également au dispositif « Denormandie ancien ».

- **Abattement pour durée de détention**

La plus-value afférente à la cession d'un immeuble détenu depuis plus de cinq ans est diminuée d'un abattement pour durée de détention, dont le calcul diffère en matière d'impôt sur le revenu et de prélèvements sociaux. La plus-value est totalement exonérée à l'expiration d'un délai de 22 ans pour l'impôt sur le revenu et de 30 ans pour les prélèvements sociaux.

À titre d'exemple, pour une durée de détention comprise entre 15 et 16 ans, l'abattement est de 60 % pour l'impôt sur le revenu et de 16,5 % pour les prélèvements sociaux.

- **Exonération des cessions n'excédant pas 15 000 euros**

Lorsque le prix de cession est inférieur ou égal à 15 000 euros, la plus-value est exonérée d'impôt sur le revenu et, par suite, de prélèvements sociaux. Ce seuil s'apprécie bien par bien et non annuellement (BOFIP, 2014).

- **Absence de prise en compte des moins-values**

Les moins-values de cession d'immeubles ne sont pas prises en compte ; la SCPI ne peut pas les imputer sur les plus-values réalisées sur la cession d'autres biens immobiliers. L'imputation des moins-values sur les plus-values n'est autorisée que dans le cas où un immeuble ayant été acquis par fractions successives est vendu en entier à un même acquéreur par un même acte (article 150 VD du CGI).

d) Plus-values de cession de titres de sociétés à prépondérance immobilière

Il s'agit notamment des titres possédés par la SCPI dans le capital de filiales constituées sous forme de SCI. L'impôt sur la plus-value est réglé directement par la SCPI lors de la cession des titres. Il n'y a donc pas d'imposition complémentaire chez l'associé, détenteur de titres de la société vendeuse.

Ce régime s'applique dès lors que la société à prépondérance immobilière dont les titres sont cédés relève de l'impôt sur le revenu et que le cédant, personne physique ou société, relève lui-aussi de l'impôt sur le revenu. Le régime d'imposition est proche de celui des plus-values immobilières des particuliers : le taux d'imposition est de 19 % ; s'y ajoutent les prélèvements sociaux au taux de 17,2 % et, le cas échéant, la taxe sur les plus-values supérieures à 50 000 euros. Il présente néanmoins des particularités. Les cessions inférieures ou égales à 15 000 euros ne sont pas exonérées. Lors de la détermination de la plus-value brute, le prix d'acquisition fait l'objet d'ajustements destinés à « assurer la neutralité de l'application de la loi fiscale compte tenu du régime spécifique des sociétés [à prépondérance immobilière] ». En revanche, comme pour les plus-values immobilières des particuliers, la plus-value imposable est réduite par application d'un abattement pour durée de détention et les moins-values ne sont pas prises en compte. Nous examinons ces différents points ci-après.

- **Champ d'application du régime**

Le régime d'imposition des plus-values de cession de titres de sociétés à prépondérance immobilière s'applique aux cessions :

– réalisées à titre occasionnel par des personnes physiques ou des sociétés relevant de l'impôt sur le revenu ;

– et portant sur des titres de sociétés relevant de l'impôt sur le revenu dont l'actif est principalement constitué d'immeubles ou de droits portant sur ces biens.

Les plus-values réalisées à l'occasion de la cession de titres de sociétés de capitaux ou de titres de sociétés de personnes assujetties à l'impôt sur les sociétés (IS) relèvent du régime d'imposition des plus-values de cession de valeurs mobilières et droits sociaux, y compris lorsque l'actif de ces entités est principalement constitué d'immeubles ou de droits portant sur ces biens (en ce qui concerne les modalités d'imposition, cf. section 2, sous-section 2 ci-après).

Note : en matière fiscale, l'expression « sociétés de capitaux » désigne les sociétés passibles de l'IS quel que soit leur objet, notamment les SA, SAS, SARL (sauf exceptions).

- **Absence d'exonération des cessions ne dépassant pas 15 000 euros**

La règle de l'article 150 U, II, 6° selon laquelle la plus-value n'est pas imposable lorsque le prix de cession est inférieur ou égal à 15 000 euros ne s'applique qu'aux immeubles, aux parties d'immeubles ou aux droits relatifs à ces biens ; elle n'est pas applicable aux cessions de titres de sociétés à prépondérance immobilière.

- **Détermination de la plus-value brute**

Pour le calcul de la plus-value, le prix d'acquisition est majoré des frais d'acquisition retenus pour leur montant réel (article 150 VB, II, 3° du CGI).

En outre, pour éviter la double prise en compte de bénéfices ou déficits sociaux, il est majoré :

– des bénéfices sociaux non distribués, mis en réserves, mais qui ont été taxés chez le cédant ;

– des bénéfices sociaux non distribués qui ont été utilisés par la société pour le rachat des parts sociales détenues par un autre associé ;

– des bénéfices sociaux revenant au cédant qui n'ont pas fait l'objet d'une imposition effective en application d'une disposition par laquelle le législateur a entendu accorder un avantage fiscal définitif ;

– des pertes afférentes à des entreprises exploitées en France par la société dont les titres sont cédés et ayant donné lieu de la part du cédant à un versement en vue de les combler.

Il est minoré :

– des déficits sociaux que le cédant a déjà déduits de ses revenus, à l'exclusion de ceux qui trouvent leur origine dans une disposition par laquelle le législateur a entendu conférer aux contribuables un avantage fiscal définitif ;

– des bénéfices afférents à des entreprises exploitées en France par la société dont les titres sont cédés et ayant donné lieu à répartition au profit du cédant (Conseil d'État, 16 février 2000, n° 133296 ; 3 mai 2011, n° 311338 ; 8 novembre 2017, n° 389990 ; BOFIP, 2023b).

- **Abattement pour durée de détention**

Lorsque les titres cédés étaient détenus depuis plus de cinq ans, la plus-value imposable est diminuée de l'abattement pour durée de détention. Elle est totalement exonérée à l'expiration d'un délai de 22 ans pour l'impôt sur le revenu et de 30 ans pour les prélèvements sociaux.

La non-imposition d'une plus-value en raison de l'abattement pour durée de détention constitue un avantage fiscal définitif (Conseil d'État, n° 389990 précité). En conséquence, pour déterminer le montant de la plus-value imposable réalisée par un associé à la suite de la cession de ses parts sociales, le prix d'acquisition des parts doit être majoré de la quote-part, revenant au cédant, des plus-values non imposables réalisées par la société dont les titres sont cédés.

- **Absence de prise en compte des moins-values**

Les moins-values de cession de titres de sociétés à prépondérance immobilière ne sont pas prises en compte (article 150 VD, I du CGI). Elles ne peuvent s'imputer ni sur les plus-values de cession d'autres titres, ni sur le revenu global. Toutefois, lorsqu'un contribuable cède en bloc tout ou partie des parts qu'il détient dans une même société à prépondérance immobilière, il est admis que les moins-values brutes (réduites de l'abattement pour durée de détention calculé dans les conditions prévues pour les plus-values) s'imputent sur les plus-values réalisées sur les autres parts de la même société par le même contribuable. « La circonstance que la cession soit réalisée auprès d'acquéreurs distincts ne fait pas obstacle au bénéfice de cette mesure de tempérament » (BOFIP, 2023b).

Sous-section 2 – Les revenus distribués par les SPPICAV et les SIIC

Contrairement à la règle applicable aux SCPI, les actionnaires de SPPICAV ou de SIIC ne sont imposables que sur les sommes qui leur sont effectivement versées.

Ces sommes, qui constituent des dividendes, entrent dans la catégorie des revenus de capitaux mobiliers comme les produits de placement à revenu fixe dont font partie les revenus tirés par les SCPI du placement de leur trésorerie (cf. section 1, sous-section 1, paragraphe b). Ils sont donc imposés selon les mêmes règles. La dispense de PFNL peut être demandée par les personnes physiques dont le revenu fiscal de référence de l'avant-dernière année est inférieur à 50 000 euros (contribuables célibataires, divorcés ou veufs) ou 75 000 euros (contribuables soumis à imposition commune) (article 117 quater du CGI). Les dividendes supportent les prélèvements sociaux selon les mêmes modalités que les produits de placement à revenu fixe.

Sous-section 3 – Les revenus distribués par les FPI

Le FPI ne disposant pas de la personnalité morale, les porteurs de parts sont considérés comme ayant encaissé directement les revenus perçus par le fonds, chacun à hauteur de sa quote-part. Cependant, ils ne sont imposés que sur les sommes qui leur ont été effectivement versées (article 239 nonies, II, 2 du CGI).

Les revenus encaissés par le FPI conservent la nature qui leur est propre : revenus fonciers (paragraphe a), bénéfices industriels et commerciaux (BIC) (paragraphe b), revenus de capitaux mobiliers (paragraphe c), plus-values immobilières des particuliers et plus-values de cession de titres à prépondérance immobilière (paragraphe d) ou plus-values de cession de valeurs mobilières et droits sociaux (paragraphe e).

a) Les revenus fonciers

Relèvent de cette catégorie les produits perçus par les particuliers provenant d'immeubles que le FPI donne en location nue, directement ou par l'intermédiaire d'une entité contrôlée (article 14 A du CGI).

b) Les bénéfices industriels et commerciaux (BIC)

Selon l'article 35 A du CGI, sont compris dans la catégorie des BIC les revenus perçus par les particuliers provenant de la location par le FPI, directement ou par l'intermédiaire d'une entité contrôlée, d'immeubles auxquels sont affectés, en vue de leur location, des meubles meublants, des biens d'équipement ou des biens meubles nécessaires au fonctionnement, à l'usage ou à l'exploitation de ces immeubles par un tiers.

Nous rappelons que, pour la détermination du montant à distribuer, les FPI sont autorisés à diminuer leurs produits nets d'un abattement forfaitaire égal à 1,5 % du prix de revient des immeubles qu'ils détiennent directement (cf. chapitre 6, section 2). Le FPI peut décider d'appliquer un taux d'abattement moindre.

Au titre de la location meublée, le montant du revenu imposable sous le régime des BIC est égal au revenu distribué, minoré de la différence entre l'amortissement comptable théorique des immeubles détenus directement par le FPI et l'abattement qu'il a effectivement pratiqué, lorsque cette différence est positive (amortissement théorique supérieur à l'abattement pratiqué). « Cette règle vise à reconstituer, pour l'imposition des revenus de la location meublée perçus via un FPI, l'amortissement comptable des immeubles », auquel les personnes physiques ayant la qualité de loueur en meublé non professionnel (LMNP) sont éligibles, mais « que les FPI ne pratiquent pas, les FPI n'étant pas soumis aux règles de la comptabilité commerciale ». L'amortissement théorique doit être déterminé selon les règles comptables de droit commun, notamment celles du plan comptable général (PCG). Dans l'hypothèse où le FPI n'aurait pas pratiqué d'abattement pour la détermination du montant à distribuer, le montant imposable serait égal au montant distribué diminué de l'amortissement comptable théorique (BOFIP, 2016b).

Les déficits subis par un FPI dans une activité de location meublée ne peuvent s'imputer sur le revenu global du porteur de parts lorsque celui-ci est un loueur en meublé non professionnel ; ils s'imputent exclusivement sur les revenus qu'il perçoit, provenant de cette même activité au cours des exercices pendant lesquels elle est exercée, jusqu'à l'expiration d'une période de 10 ans (article 156, I, 1° ter du CGI).

La location meublée est considérée comme exercée à titre professionnel lorsque les recettes annuelles tirées de cette activité par l'ensemble des membres du foyer fiscal remplissent les deux conditions cumulatives suivantes : elles sont supérieures à 23 000 euros et sont également supérieures au montant total des autres revenus d'activité du foyer fiscal. Dans le cas contraire, le contribuable est considéré comme loueur en meublé non professionnel (LMNP).

c) Les revenus de capitaux mobiliers

Les particuliers sont imposés dans la catégorie des revenus de capitaux mobiliers au titre des produits qui leur sont distribués par le FPI provenant de dividendes, intérêts et autres produits sur créances, dépôts et cautionnements, que le FPI a perçus directement ou qui lui ont été versés par une entité contrôlée (article 137 ter du CGI).

d) Les plus-values réalisées par le FPI lors de la cession d'immeubles ou de titres de sociétés à prépondérance immobilière

Le paiement de l'impôt sur la plus-value est assuré par le dépositaire (article L214-60 du CMF). Le FPI verse au porteur de parts un montant net de toute imposition.

Le régime d'imposition est proche de celui exposé dans ce chapitre, section 1, sous-section 1, paragraphes c) et d).

Toutefois, la majoration forfaitaire de 7,5 % pour frais d'acquisition ainsi que celle de 15 % pour travaux dans l'hypothèse où le bien cédé a été acquis depuis plus de cinq ans ne s'appliquent pas aux cessions d'immeubles réalisées, directement ou indirectement, par un FPI (article 150 VB, II, 3° et 4° du CGI).

Les plus-values provenant de la cession d'immeubles donnés en location meublée sont soumises au régime des plus-values immobilières des particuliers dès lors que le porteur de parts n'est pas un loueur en meublé professionnel (article 239 nonies, II, 1, c) du CGI).

e) Les plus-values de cession de valeurs mobilières et droits sociaux

Les particuliers sont imposés dans la catégorie des plus-values de cession de valeurs mobilières et droits sociaux pour les plus-values mentionnées à l'article L214-81, II, 3° du CMF, c'est-à-dire celles réalisées directement ou indirectement par le FPI, provenant de la cession d'actifs autres que des immeubles ou des entités contrôlées. Par exception à la règle selon laquelle le particulier est imposé au titre de l'année de perception du revenu, ces plus-values sont imposées dès leur réalisation par le FPI lorsqu'une personne physique agissant directement, par personne interposée ou par l'intermédiaire d'une fiducie, possède plus de 10 % des parts du fonds (article 150-0 F et 150-0 A, II, 4 ter du CGI).

En ce qui concerne les modalités d'imposition, cf. section 2 – sous-section 2 ci-après.

SECTION 2 – Plus-values réalisées par les particuliers lors de la cession ou du rachat de leurs titres

Il y a lieu, là aussi, de distinguer la situation des associés de SCPI (sous-section 1), celle des actionnaires de SPPICAV ou de SIIC (sous-section 2) et celle des porteurs de parts de FPI (sous-section 3).

Sous-section 1 – Les associés de SCPI

Les plus-values que réalisent les personnes physiques lors de la cession ou du rachat de leurs parts sociales de SCPI sont imposées selon les règles des plus-values de cession de titres de sociétés à prépondérance immobilière exposées précédemment (cf. section 1, sous-section 1, paragraphe d).

Sous-section 2 – Les actionnaires de SPPICAV ou de SIIC

Les plus-values que réalisent les particuliers lors du rachat de leurs actions de SPPICAV ou lors de la cession à titre onéreux de leurs actions de SPPICAV ou de SIIC sont imposées dans la catégorie des plus-values de cession de valeurs mobilières et droits sociaux (article 150-0 A, II, 4bis du CGI). Le montant net de ces plus-values, après déduction des moins-values de même nature, est soumis de plein droit au PFU de 12,8 % ou, sur option du contribuable (exercée globalement pour l'ensemble des revenus entrant dans le champ d'application du PFU), au barème progressif de l'impôt sur le revenu. S'y ajoutent les prélèvements sociaux au taux de 17,2 %. En cas d'option pour le barème progressif de l'impôt sur le revenu, une fraction de ces prélèvements, soit 6,8 %, est déductible du revenu global imposable.

Les moins-values subies au cours d'une année s'imputent sur les plus-values de même nature imposables au titre de la même année. Le montant de plus-values subsistant après cette imputation est réduit, le cas échéant, des moins-values de même nature subies au titre des années antérieures jusqu'à la dixième inclusivement. En cas de solde négatif, l'excédent de moins-values est reporté et imputé au titre des années suivantes jusqu'à la dixième inclusivement (article 150-0 D, 11 du CGI). Sont considérées comme étant de même nature les plus ou moins-values réalisées par le contribuable, dans le cadre de la gestion de son patrimoine privé, lors de la cession ou du rachat de valeurs mobilières, droits sociaux ou titres entrant dans le champ d'application de l'article 150-0 A du CGI : actions, obligations, etc. (BOFIP, 2025d). Sont exclus de l'article 150-0 A les titres de sociétés de personnes à prépondérance immobilière, telles que les SCPI.

Sous-section 3 – Les porteurs de parts de FPI

Les plus-values réalisées par les particuliers lors de la cession ou du rachat de leurs parts de FPI sont imposées dans la catégorie des plus-values de cession de titres de sociétés à prépondérance immobilière (article 150 UC, II, a) du CGI). Cf. section 1, sous-section 1, paragraphe d).

SECTION 3 – L'inéligibilité des parts et actions de foncières au Plan d'épargne en actions (PEA)

Nous rappelons ci-après le régime applicable aux dividendes et plus-values constatées sur les titres placés dans un PEA (sous-section 1). Ce régime n'est pas applicable aux actions de foncières, à l'exception des actions de SIIC placées dans un PEA avant le 21 octobre 2011 (sous-section 2).

Sous-section 1 - Le régime fiscal du PEA

Les dividendes et les plus-values que procurent les titres placés dans un PEA sont exonérés d'impôt sur le revenu, sous réserve qu'aucun retrait n'intervienne sur le plan pendant un délai de cinq ans à compter du premier versement. Lors d'un retrait ou de la clôture du PEA après l'expiration de la cinquième année, ces gains sont soumis aux prélèvements sociaux. Toutefois, les dividendes provenant de titres non cotés sont soumis à l'impôt sur le revenu et aux prélèvements sociaux annuellement, pour la fraction de leur montant supérieure à 10 % de la valeur globale d'inscription de ces titres non cotés dans le PEA (article 157, 5° bis du CGI).

Sous-section 2 - L'inéligibilité des titres de foncières au PEA

Les parts ou actions émises par les foncières ne sont pas éligibles au PEA. Les parts sociales de SCPI ne sont pas mentionnées dans la liste des titres éligibles figurant à l'article L221-31 du CMF. De leur côté, les actions de SPPICAV et de SIIC ne répondent pas à la condition selon laquelle les titres doivent être émis par des sociétés soumises à l'IS dans les conditions de droit commun ou à un impôt équivalent (article L221-31, I, 4°, CMF). Les actions de SIIC bénéficiaient d'une dispense de cette condition qui a pris fin le 21 octobre 2011. Celles qui figuraient dans un PEA avant cette date peuvent toutefois y demeurer (loi n°2011-1977 du 28 décembre 2011, article 8, IV).

Les titres de foncières ne sont pas éligibles, non plus, au PEA « PME-ETI » (plan d'épargne en actions destiné au financement des petites et moyennes entreprises et des entreprises de taille intermédiaire).

SECTION 4 – L'assurance-vie

Certaines unités de compte (UC), proposées dans le cadre d'un contrat d'assurance-vie, ont pour support des parts ou actions de foncières. Dans ce cas, c'est la fiscalité propre aux contrats d'assurance-vie qui est applicable.

L'assureur s'engage sur le nombre d'unités de comptes, mais non sur leur valeur.

Nous étudions le régime fiscal applicable au contrat d'assurance-vie (sous-section 1) puis les modalités de rachat du contrat (sous-section 2).

Sous-section 1 – Le régime fiscal du contrat d'assurance-vie

Les produits générés par le contrat sur les supports UC (revenus et plus-values) sont exonérés d'impôt sur le revenu et de prélèvements sociaux pendant toute la durée du contrat, sous réserve qu'aucune sortie en capital n'intervienne. L'impôt sur le revenu et les prélèvements sociaux sont perçus lors de l'arrivée à terme du contrat ou lors de son rachat total ou partiel avant terme.

Sous-section 2 – Les modalités de rachat du contrat

En cas de demande de rachat, l'entreprise d'assurance est tenue de verser au contractant la valeur de rachat du contrat dans un délai qui ne peut excéder deux mois (article L132-21 du Code des assurances).

Néanmoins, comme pour tout produit financier, il est important de vérifier les conditions de rachat figurant dans la documentation remise par l'assureur. Ainsi, selon l'article R131-5 du Code des assurances, pour que leurs parts ou actions soient admissibles en unités de compte, les OPCI doivent prévoir, dans leurs statuts ou règlement, le rachat des parts ou actions deux mois au plus tard après que le porteur en a fait la demande, sans autre restriction que celle prévue à l'article L214-67-1 du CMF. Cet article mentionne la possibilité pour une SPPICAV d'insérer dans ses statuts une clause prévoyant que « le rachat d'actions est plafonné à titre provisoire quand des circonstances exceptionnelles l'exigent et si l'intérêt des actionnaires ou du public le commande », « sans préjudice des dispositions de l'article L214-61-1 ». Ce dernier article, quant à lui, permet aux OPCI d'insérer dans leurs statuts ou règlement une clause de blocage des rachats pour une période ne pouvant excéder 10 ans après la constitution de l'OPCI (nous avons examiné ces différentes clauses dans le chapitre 4 consacré aux caractéristiques générales des OPCI).

Le contractant ou le bénéficiaire reçoit un règlement en espèces, la remise des parts ou actions constituant les unités de compte étant exclue :

- pour les titres ou parts non négociables ou non négociés sur un marché réglementé conférant le droit de vote (article L131-1, paragraphe 2°, troisième alinéa du Code des assurances) ;
- ainsi que pour les titres conférant directement le droit de vote à l'assemblée générale des actionnaires d'une société inscrite à la cote officielle d'une bourse de valeurs (article L131-1, paragraphe 1°, du même code).

SECTION 5 – L'impôt sur la fortune immobilière (IFI)

Le patrimoine immobilier est imposable à partir du seuil d'1 300 000 euros.

Les parts de SCPI ainsi que les parts et actions d'OPCI sont prises en compte pour la fraction de leur valeur représentative de biens immobiliers (article 965 du CGI).

Les emprunts ayant servi à l'achat des parts ou actions sont déductibles du patrimoine imposable dans les conditions de l'article 974 du CGI. Les emprunts contractés directement ou indirectement par le contribuable auprès de membres de sa famille immédiate (listés au 1° du III de l'article 974) ne sont pas déductibles. Ceux contractés directement ou indirectement auprès d'autres membres de sa famille (listés aux 2° et 3° du III de l'article 974) ne sont déductibles que si « le contribuable justifie du caractère normal des conditions du prêt, notamment du respect du terme des échéances, du montant et du caractère effectif des remboursements ».

Les actions de SIIC ne sont pas incluses dans l'assiette de l'IFI lorsque le contribuable détient moins de 5 % du capital et des droits de vote de la société, directement et indirectement, seul ou conjointement avec les personnes de son foyer fiscal.

CHAPITRE 12
LES SCPI DE DROIT COMMUN
ET LES SCPI FISCALES

Dans le régime réel d'imposition des revenus fonciers, obligatoire lorsque les revenus retirés de la location nue proviennent exclusivement de parts de SCPI ou sont supérieurs à 15 000 euros, le revenu imposable est égal, chaque année, à la différence entre les recettes et les dépenses dont le Code général des impôts admet la déduction.

Nous avons vu au chapitre précédent que l'article 31 du CGI autorise la déduction des dépenses d'entretien et de réparation et de certaines dépenses d'amélioration, mais qu'en revanche les dépenses d'acquisition ainsi que celles afférentes à des travaux de construction, reconstruction ou agrandissement, ne sont pas déductibles.

La majorité des SCPI exercent leurs activités dans le cadre du droit commun des revenus fonciers, ne déduisant que les dépenses expressément admises par l'article 31 du CGI. Toutefois ces SCPI n'appliquent pas toutes le même modèle économique (section 1).

D'autres SCPI se placent sous des régimes fiscaux dérogatoires destinés à favoriser l'investissement dans l'immobilier locatif, dans lesquels les dépenses dont la déduction est expressément écartée par l'article 31 du CGI ouvrent droit à une réduction d'impôt sur le revenu (section 2).

SECTION 1 – Les SCPI de droit commun

La plupart d'entre elles sont des SCPI de rendement ; leur objectif est de distribuer des revenus réguliers à leurs associés (sous-section 1). Les « SCPI de déficit foncier » (sous-section 2) et les « SCPI de plus-values » (sous-section 3), tout en restant dans le cadre de l'article 31 du CGI, reposent sur des modèles économiques différents.

Sous-section 1 – Les SCPI de rendement

Ces SCPI sont spécialisées le plus souvent dans la détention d'un patrimoine de bureaux, de locaux commerciaux, de locaux d'activités ou d'entrepôts qu'elles donnent en location nue. Elles distribuent les revenus qu'elles réalisent à leurs associés selon une périodicité généralement trimestrielle.

Sous-section 2 – « Les SCPI de déficit foncier »

Ces SCPI se spécialisent dans l'achat d'immeubles à usage d'habitation nécessitant des travaux d'entretien, de réparation et d'amélioration. Ceux-ci seront revendus, une fois les travaux réalisés, après une période plus ou moins longue de location. Les travaux ont pour but d'améliorer les conditions de location des immeubles. Ils n'augmentent pas la surface habitable et ne modifient pas le gros-œuvre. Il ne s'agit ni de travaux d'agrandissement, ni de travaux de reconstruction. Ils sont déductibles conformément aux dispositions de l'article 31 du CGI.

Les SCPI communiquent sur la possibilité pour l'associé d'imputer sur son revenu global le déficit foncier engendré par ces « travaux éligibles au droit commun des revenus fonciers », en dehors de tout dispositif fiscal dérogatoire.

L'investissement se déroule selon la chronologie suivante :

– Création de la SCPI par ses fondateurs et augmentation de capital par offre au public.

– Recherche des biens à acquérir et réalisation des travaux. Durant cette phase, les revenus potentiels de la SCPI ne sont constitués que des intérêts produits par le placement des fonds en instance d'affectation. Les travaux créent chez l'associé un déficit foncier imputable sur son revenu global dans la limite annuelle de 10 700 euros. L'imputation de ce déficit sur le revenu global n'est définitivement acquise que si l'associé conserve ses parts jusqu'au 31 décembre de la troisième année suivant celle au titre de laquelle l'imputation a été effectuée. La SCPI, pour sa part, doit maintenir l'immeuble affecté à la location pendant cette même période.

– Phase de location et perception de revenus fonciers.

– Au terme d'une période de l'ordre de 15 ans, dissolution et mise en liquidation de la société, revente du patrimoine immobilier, remboursement des parts et répartition du boni de liquidation éventuel entre les associés.

Ces SCPI sont à capital fixe. En l'absence de marché secondaire effectif, le souscripteur ne peut espérer récupérer le montant de son investissement qu'à la liquidation de la société. La rentabilité de l'investissement ne peut être appréciée qu'à cette date.

– Durant la phase de travaux, les flux de trésorerie nets sont négatifs. La partie du déficit foncier résultant de dépenses déductibles des revenus fonciers autres que les intérêts d'emprunts est imputée sur

les autres revenus du contribuable imposés au barème progressif dans la limite annuelle de 10 700 euros, ce qui permet une économie d'impôt. Celle-ci est fonction de la tranche marginale d'imposition du contribuable. Elle représente 11 %, 30 %, 41 % ou 45 % du montant du déficit imputé. En revanche, pour le calcul des prélèvements sociaux, aucune compensation n'est effectuée entre le déficit d'une catégorie de revenus et le résultat positif d'une autre. Il n'y a donc pas d'économie à ce niveau.

– Lorsque les revenus fonciers deviendront positifs, l'imputation sur ceux-ci de la partie du déficit foncier antérieur supérieure à 10 700 euros ou provenant d'intérêts d'emprunt réduira le revenu foncier imposable, ce qui permettra une économie de prélèvements sociaux en même temps que l'économie d'impôt.

Sous-section 3 – « Les SCPI de plus-values »

Ces SCPI acquièrent des appartements ou des immeubles résidentiels locatifs faisant l'objet d'une décote sur le marché compte tenu notamment d'un niveau de loyer bas, créant un manque à gagner pour le bailleur, et de la durée prévisionnelle d'occupation des locataires en place. Lorsque les biens se libèrent, ils sont rénovés ou transformés (dans les limités annuelles réglementaires de 15 % de la valeur du patrimoine), loués à de nouveaux locataires moyennant des loyers plus élevés ou revendus (en respectant la limite annuelle réglementaire de 15 % de la valeur vénale du patrimoine) ; la cession d'éléments du patrimoine immobilier a pour but de dégager des plus-values (le bien n'étant plus décoté), réduire ou solder des emprunts ou réaliser de nouveaux investissements.

Compte tenu de leur modèle économique, les SCPI de plus-values ont un résultat d'exploitation faible et ne distribuent pas (ou peu) de revenus locatifs à leurs associés. Ces SCPI s'adressent en conséquence à des investisseurs qui recherchent des perspectives de valorisation de leur patrimoine. Les plus-values sont distribuées aux associés au fur et à mesure de leur réalisation ou conservées dans la société (« capitalisées »). Dans ce dernier cas, la valorisation du patrimoine de l'associé ne peut résulter que de l'augmentation de la valeur de ses parts.

SECTION 2 – Les SCPI fiscales

Il existe trois dispositifs auxquels il est possible de souscrire actuellement : les dispositifs « Denormandie ancien », « Malraux » et « Loc'Avantages ».

Peuvent bénéficier de la réduction d'impôt :

– les particuliers qui réalisent directement l'opération de location ou par l'intermédiaire d'une société non soumise à l'IS (associés de SCI notamment) ;

– ainsi que les personnes souscrivant des parts de SCPI lorsque le montant de la souscription sert à financer une telle opération.

Le non-respect d'une des conditions d'application du régime, de même que la cession ou le démembrement du bien immobilier ou des parts sociales, entraîne, sauf exceptions, la reprise de la réduction d'impôt (l'obligation de la rembourser).

Imposition du revenu : réduction d'impôt ne signifie pas exonération du revenu tiré de la location. Celui-ci est inclus dans le revenu global du contribuable soumis au barème progressif. Les charges retenues pour la détermination de la réduction d'impôt (dispositifs « Denormandie ancien » et « Malraux ») ne sont pas déductibles des revenus fonciers. La réduction d'impôt s'impute sur le montant de l'impôt progressif.

Nous présentons chacun des trois dispositifs fiscaux (sous-sections 1, 2 et 3), puis le fonctionnement des SCPI entrant dans le cadre de ces dispositifs et les conséquences de la rupture des engagements (sous-section 4). En dernier lieu, nous mentionnons les anciens dispositifs (sous-section 5).

Sous-section 1 - Le dispositif « Denormandie ancien »

Certains investissements dans des logements anciens ouvrent droit à une réduction d'impôt. En bénéficient les particuliers qui réalisent directement l'investissement (paragraphe a) ou souscrivent des parts de SCPI spécialisées dans ce dispositif (paragraphe b).

a) L'investissement direct en « Denormandie ancien »

Les possibilités d'adhésion à ce dispositif ont été réduites à compter du 1er janvier 2025. Elles ne s'exercent plus que dans le cadre de l'article 199 novovicies, I, B, 5° du CGI et se limitent à l'achat jusqu'au 31 décembre 2027 :

– de logements ayant fait ou faisant l'objet de travaux d'amélioration définis par décret. Selon l'article 2 quindecies B de l'annexe III du

CGI, ces travaux s'entendent de tous travaux, à l'exception de ceux portant sur des locaux ou des équipements d'agrément, ayant pour objet la création, la modernisation, l'assainissement ou l'aménagement de surfaces habitables ou de surfaces annexes (selon la définition qui en est donnée audit article) ainsi que des travaux destinés à réaliser des économies d'énergie pour l'ensemble de ces surfaces ;

– ou de locaux affectés à un usage autre que l'habitation ayant fait ou faisant l'objet de travaux de transformation en logement.

Le montant des travaux d'amélioration ou de transformation, facturés par une entreprise, doit représenter au moins 25 % du coût total de l'opération. Les immeubles doivent respecter un certain niveau de performance énergétique (défini à l'article 46 AZA octies-0 A de l'annexe III au CGI).

L'achèvement des travaux doit intervenir au plus tard le 31 décembre de la deuxième année qui suit celle de l'achat du local ou du logement concerné. Lorsque les travaux sont terminés avant l'acquisition du logement, celui-ci ne doit pas avoir été utilisé ou occupé à quelque titre que ce soit depuis l'achèvement des travaux.

Nous examinons ci-après les conditions relatives à la localisation des immeubles, les engagements de location à la charge des investisseurs et les modalités de la réduction d'impôt.

- **Localisation des logements**

Les logements doivent être situés dans des communes :

– dont le besoin de réhabilitation de l'habitat en centre-ville est particulièrement marqué. La liste de ces communes est donnée par l'arrêté du 26 mars 2019 ;

– ou qui ont conclu une convention d'opération de revitalisation de territoire prévue à l'article L303-2 du CCH.

Ils peuvent également être situés dans des copropriétés en difficulté (au sens de l'article 29-1 de la loi du 10 juillet 1965) ou dégradées (régies par les articles L741-1 et L741-2 du Code de la construction et de l'habitation).

- **Engagement de location**

Le bénéfice de la réduction d'impôt est subordonné à l'engagement de donner le bien en location nue, à titre d'habitation principale, pour une durée de 6 ou 9 ans (pouvant faire l'objet de prolongations), à des locataires dont les ressources ne dépassent pas un certain plafond, moyennant un loyer dont le montant est également plafonné. Les plafonds de loyers et de ressources des locataires varient suivant la zone où est situé l'immeuble.

Note : il s'agit des zones prévues à l'article D304-1 du CCH qui dispose qu'un arrêté interministériel, révisé au moins tous les trois ans, établit un classement des communes du territoire national en zones géographiques en fonction du déséquilibre entre l'offre et la demande de logements. Ces zones sont désignées, par ordre de déséquilibre décroissant, sous les lettres A bis, A, B1, B2 et C. Pour l'application du dispositif « Denormandie ancien », les zones B2 et C sont regroupées.

Les plafonds de loyer peuvent être réduits par le préfet de région, après avis du comité régional de l'habitat et de l'hébergement, afin d'être adaptés aux particularités des marchés locatifs locaux.

Il est possible de conclure le contrat de location avec un organisme public ou privé donnant le logement en sous-location nue à usage d'habitation principale, à condition que cet organisme ne fournisse aucune prestation hôtelière ou para-hôtelière. Dans ce cas, la condition de ressources s'apprécie par rapport aux ressources du sous-locataire.

L'engagement de location doit prendre effet dans les douze mois qui suivent la date d'achèvement de l'immeuble ou son acquisition si elle est postérieure.

- **Réduction d'impôt**

Son montant est déterminé en appliquant au prix de revient de l'opération le taux de la réduction d'impôt. Le prix de revient de l'opération correspond au prix d'acquisition du local ou du logement augmenté du prix des travaux. Il est retenu dans la double limite d'un plafond par mètre carré de surface habitable fixé par décret et d'un plafond global de 300 000 euros pour une même année d'imposition. Actuellement, le plafond par mètre carré de surface habitable est de 5 500 euros (article 46 AZA octies B de l'annexe III au CGI). Le taux varie suivant la durée de l'engagement de location. Il est de 12 % pour un engagement de 6 ans, de 18 % pour un engagement de 9 ans. La réduction d'impôt est répartie, par parts égales, sur la durée de 6 ou 9 ans (ce qui correspond à un taux de 2 % chaque année). La première année de la réduction d'impôt est celle de l'achèvement des travaux.

Conformément aux dispositions de l'article 197, I, 5 du CGI, la réduction d'impôt s'impute sur le montant de l'impôt progressif sur le revenu. Elle ne peut pas s'imputer sur les impositions à taux proportionnel. Lorsqu'au titre d'une année, elle excède le montant de l'impôt progressif, l'excédent n'est pas reportable sur les années suivantes. Il est donc perdu.

La réduction d'impôt est soumise au plafonnement global des avantages fiscaux de 10 000 euros.

Note : le montant total des réductions et crédits d'impôt dont bénéficie un contribuable, au titre d'une année d'imposition, ne peut dépasser un certain montant, fixé de manière générale à 10 000 euros (article 200-0 A du CGI). Sauf exceptions très limitées, l'excédent éventuel de ces réductions et crédits d'impôt est ajouté à l'impôt dû par le contribuable.

« Les dépenses de travaux retenues pour le calcul de la réduction d'impôt ne peuvent faire l'objet d'une déduction pour la détermination des revenus fonciers » (article 199 novovicies, I-F).

En revanche les autres charges foncières, ainsi que les intérêts de l'emprunt souscrit pour financer l'investissement, demeurent déductibles des revenus fonciers dans les conditions de droit commun.

b) Les SCPI « Denormandie ancien »

La souscription de parts de SCPI permet au contribuable de bénéficier de la réduction d'impôt, à condition que 95 % de la souscription, hors frais de collecte, servent exclusivement à financer un investissement entrant dans le cadre du dispositif.

Note : de ce fait les frais de recherche des investissements sont plafonnés à 5 % du montant de la souscription net des frais de collecte.

Le produit de la souscription doit être intégralement investi dans les 18 mois. La SCPI doit prendre l'engagement de louer le logement dans les conditions prévues par le dispositif. Le contribuable doit s'engager à conserver la totalité de ses parts jusqu'au terme de l'engagement de location souscrit par la SCPI.

La réduction d'impôt est calculée sur 100 % du montant de la souscription retenu dans la limite de 300 000 euros pour une même année d'imposition. La première année de la réduction d'impôt est celle de la souscription.

Le plafond de 300 000 euros est commun aux investissements directs et à la souscription de parts de SCPI.

Sous-section 2 - Le dispositif « Malraux »

Le contribuable peut investir directement dans ce dispositif (paragraphe a) ou au travers d'une SCPI spécialisée (paragraphe b).

a) L'investissement direct dans le dispositif « Malraux »

Les possibilités d'adhésion à ce dispositif, prévu à l'article 199 tervicies du CGI, ont été réduites à compter du 1er janvier 2025. La réduction d'impôt ne concerne plus que les particuliers investissant dans des opérations de restauration complète d'un immeuble bâti situé dans un site patrimonial remarquable (SPR). L'opération de restauration doit être déclarée d'utilité publique, sauf si le SPR est couvert par un plan de sauvegarde et de mise en valeur (PSMV) approuvé ou par un plan de valorisation de l'architecture et du patrimoine (PVAP) approuvé.

Nous étudions ci-après la notion de restauration immobilière « Malraux », les engagements de location à la charge de l'investisseur et les modalités de la réduction d'impôt.

- **La restauration immobilière « Malraux »**

La restauration peut être effectuée sur des locaux à usage d'habitation ou destinés à l'habitation après travaux ou sur des locaux affectés à un usage autre que l'habitation et n'ayant pas été originellement destinés à l'habitation. Elle doit porter sur l'ensemble des parties de l'immeuble nécessitant une intervention. Le dispositif fiscal n'est pas applicable en cas de restauration partielle.

Aux termes de l'article L313-4 du Code de l'urbanisme, « les opérations de restauration immobilière consistent en :

– des travaux de remise en état, d'amélioration de l'habitat, comprenant l'aménagement, y compris par démolition, d'accès aux services de secours ou d'évacuation des personnes au regard du risque incendie,

– [des travaux] de modernisation ou de démolition ayant pour objet ou pour effet la transformation des conditions d'habitabilité d'un immeuble ou d'un ensemble d'immeubles.

Elles sont engagées à l'initiative soit des collectivités publiques, soit d'un ou plusieurs propriétaires, groupés ou non en association syndicale [...] ».

- **Engagements de location à la charge de l'investisseur**

La location doit prendre effet dans les douze mois de l'achèvement des travaux. Le propriétaire prend l'engagement de louer le local pendant 9 ans. Les revenus tirés de la location doivent entrer dans la catégorie des revenus fonciers. Les locaux d'habitation font l'objet d'une location nue à usage d'habitation principale du locataire.

« Lorsque les dépenses portent sur un local affecté à un usage autre que l'habitation [...] aucune affectation particulière n'est exigée. Cependant, il est rappelé que, pour bénéficier de la réduction d'impôt, les revenus tirés de la location doivent être imposés dans la catégorie des revenus fonciers » (BOFIP, 2017b). Il doit donc s'agir, également, d'une location nue.

- **La réduction d'impôt**

Le taux de la réduction d'impôt est fixé à 22 % du montant des dépenses éligibles dans la limite d'un plafond de 400 000 euros sur une période de 4 ans au maximum. Ce taux est porté à 30 % lorsque l'immeuble est localisé dans le périmètre d'un SPR couvert par un PSVM approuvé.

Les dépenses éligibles comprennent les charges foncières énumérées à l'article 199 tervicies, II, premier alinéa, les frais d'adhésion à des associations foncières urbaines de restauration, ainsi que les dépenses de travaux imposés ou autorisés par l'autorité publique. Les charges foncières non énumérées à l'article 199 tervicies ne sont pas éligibles à la réduction d'impôt. Il s'agit des dépenses locatives supportées par le propriétaire et non remboursées au départ du locataire, des intérêts d'emprunt et des provisions pour dépenses courantes de copropriété. Ces charges foncières de droit commun non éligibles à la réduction d'impôt restent toutefois déductibles des revenus fonciers dans les conditions prévues à l'article 31 du CGI. Les provisions pour travaux dans la copropriété deviennent éligibles au moment où elles sont utilisées par le syndic pour régler les travaux.

La période de quatre ans débute à la date de délivrance du permis de construire ou à l'expiration du délai d'opposition à déclaration préalable et se termine le 31 décembre de la troisième année suivante. La réduction d'impôt est accordée au titre de l'année du paiement des dépenses et imputée sur l'impôt progressif sur le revenu dû au titre de cette même année. Elle ne peut pas s'imputer sur les impositions à taux proportionnel. Lorsque le montant de la réduction d'impôt imputable au titre d'une année excède l'impôt progressif dû par le contribuable au titre de cette même année, le solde peut être reporté sur les trois années suivantes. Pour l'application de cette disposition, les fractions les plus anciennes sont imputées en priorité.

Les dépenses pour lesquelles le contribuable bénéficie de la réduction d'impôt ne peuvent faire l'objet d'aucune déduction pour la détermination des revenus fonciers (article 199 tervicies, V).

La réduction d'impôt « Malraux » n'entre pas dans le champ d'application du plafonnement des avantages fiscaux (BOFIP, 2023a).

b) Les SCPI « Malraux »

Le contribuable peut investir dans le dispositif « Malraux » en souscrivant des parts de SCPI, à condition qu'au minimum 65 % du montant de la souscription servent exclusivement à financer des dépenses éligibles et que 30 % au minimum servent exclusivement à financer l'achat d'immeubles éligibles. Ces minimums sont appréciés hors frais de collecte. Le produit de la souscription doit être intégralement investi dans les 18 mois suivant la clôture de la souscription. La SCPI doit prendre l'engagement de louer l'immeuble au titre duquel les dépenses sont réalisées dans les conditions prévues par le dispositif. L'associé doit s'engager à conserver la propriété de ses parts jusqu'au terme de l'engagement de location souscrit par la société. La réduction d'impôt est accordée au titre de l'année de souscription et imputée sur l'impôt dû au titre de cette même année ou, le cas échéant, des trois années suivantes.

La base de calcul et le taux de la réduction d'impôt ainsi que le plafond de dépenses éligibles sont les mêmes qu'en cas d'investissement direct. Le plafond de 400 000 euros est commun aux investissements directs et aux souscriptions de parts de SCPI.

Exemple : un particulier souscrit à hauteur de 20 000 euros à l'augmentation de capital d'une SCPI spécialisée dans la restauration complète d'immeubles situés dans des sites patrimoniaux remarquables (SPR) couverts par des PSMV approuvés. Sa souscription se décompose comme suit :

Frais de collecte	1 600 euros
Frais de recherche des investissements	600 euros
Financement de l'acquisition d'immeubles éligibles	5 800 euros
Financement de dépenses éligibles	12 000 euros
Total	20 000 euros

Le montant minimum devant être investi dans l'acquisition d'immeubles éligibles est de (20 000 – 1 600) x 30 % soit 5 520 euros.

Le montant minimum devant être investi dans des dépenses éligibles est de (20 000 – 1 600) x 65 % soit 11 960 euros.

Sous réserve de son utilisation effective comme précisé ci-dessus, la souscription ouvre droit au bénéfice de l'avantage fiscal.

Celui-ci sera de 12 000 euros x 30 % soit 3 600 euros à répartir sur quatre années, soit 900 euros par an.

L'avantage fiscal représente 18 % du montant de la souscription.

Sous-section 3 - Le dispositif « Loc'Avantages »

Ce dispositif, prévu à l'article 199 tricies du CGI, qui devait prendre fin le 31 décembre 2024, a été prolongé de trois ans par l'article 88, I de la loi de finances pour 2025. Il prévoit une réduction d'impôt en faveur des propriétaires de logements donnés en location dans le cadre d'une convention avec l'Agence nationale de l'habitat (Anah) dont la demande de conventionnement a été ou sera enregistrée par l'Anah entre le 1er mars 2022 et le 31 décembre 2027. Le dispositif est également ouvert, dans les mêmes conditions, aux locations intervenant dans le cadre de l'intermédiation locative (ou « location solidaire »).

Nous examinons les caractéristiques de la convention conclue avec l'Anah, le cas particulier de l'intermédiation locative et les modalités de la réduction d'impôt. Nous verrons enfin que le dispositif est ouvert aux usufruitiers et aux SCPI.

- **Caractéristiques de la convention avec l'Anah**

La convention entre le propriétaire et l'Anah, dont la durée ne peut être inférieure à six ans, porte sur des logements, neufs ou anciens, que le propriétaire prend l'engagement de donner en location nue à usage d'habitation principale, en respectant des plafonds de loyers et de ressources du locataire.

Le dispositif prend en considération trois secteurs : intermédiaire, social et très social. Les plafonds de loyers et de ressources des locataires sont fixés en fonction de la zone dans laquelle est situé le logement et le secteur auquel il est affecté. Pour l'application du dispositif, les zones B2 et C sont regroupées.

L'article 2 terdecies H de l'annexe III au CGI précise qu'un arrêté interministériel publie, chaque année, les valeurs des différents plafonds de loyer hors charges, auxquelles est appliqué un coefficient multiplicateur (ne pouvant excéder 1,2) calculé dans les conditions de cet article. Le même article fixe les différents plafonds de ressources.

Le logement doit respecter un certain niveau de performance énergétique (défini à l'article 18-0 bis E de l'annexe IV au CGI).

À l'issue du conventionnement Anah, lors de la première relocation du logement dans les zones de tension locative, le montant du nouveau loyer n'est pas plafonné au montant de celui pratiqué pendant la durée du conventionnement (article 18-1 de la loi n°89-462 du 6 juillet 1989).

- **Intermédiation locative (ou « location solidaire »)**

L'intermédiation locative est un dispositif, prévu à l'article L365-1 du CCH dans lequel la relation entre le bailleur et le locataire est encadrée par l'intervention d'un tiers social qui doit nécessairement être agréé par l'État.

Le dispositif « Loc'Avantages » est applicable à la convention de location conclue avec un organisme public ou privé d'intermédiation locative agréé et au mandat de gestion confié à un organisme agréé (agence immobilière sociale). Dans ces deux cas, le logement est destiné à être occupé à titre d'habitation principale :

– par des personnes ou des familles éprouvant des difficultés particulières (en raison notamment de l'inadaptation de leurs ressources ou du fait de leurs conditions d'existence) à accéder à un logement décent et indépendant ou à s'y maintenir ;

– ou par des personnes dont la situation nécessite une solution locative de transition.

La convention conclue entre le contribuable et l'organisme d'intermédiation locative porte sur une location nue, avec possibilité pour l'organisme de consentir une sous-location, nue ou meublée, aux personnes mentionnées ci-dessus ou de mettre le logement à leur disposition. L'organisme ne doit pas fournir de prestation hôtelière ou para-hôtelière.

Dans le cadre d'un mandat de gestion, l'agence immobilière sociale met le propriétaire en relation avec un locataire et se charge de la gestion locative du logement. Le bail, qui porte sur une location nue, est conclu directement entre le locataire et le propriétaire représenté par l'agence immobilière sociale (BOFIP, 2025b).

- **Réduction d'impôt**

Son montant est déterminé en appliquant au revenu brut tiré de la location du logement le taux du secteur pour lequel la convention est conclue. À titre d'exemple, dans le cadre d'une convention à loyer intermédiaire, le taux de droit commun est de 15 %, il est porté à 20 % en cas de location solidaire.

La réduction d'impôt s'impute sur l'impôt progressif sur le revenu dû au titre de chacune des années d'application de la convention. Elle ne s'applique pas sur les impositions à taux proportionnel. Lorsque la réduction d'impôt excède l'impôt progressif dû par le contribuable au titre d'une année, le solde n'est pas reportable sur les années suivantes. L'excédent non imputé ne donne pas lieu à remboursement.

La réduction d'impôt « Loc'Avantages » n'est pas cumulable, pour un même logement, avec la réduction « Denormandie ancien ». En revanche le contribuable peut, pour un même logement, bénéficier de la réduction d'impôt « Loc'Avantages » et de la réduction « Malraux » (BOFIP, 2025c).

La réduction d'impôt « Loc'Avantages » est prise en compte dans le plafonnement global à 10 000 euros des avantages fiscaux.

- **Dispositif ouvert aux usufruitiers**

Contrairement aux deux autres dispositifs, qui excluent expressément leur application aux logements dont le droit de propriété est démembré, le dispositif « Loc'Avantages » peut bénéficier au titulaire d'un usufruit. Celui-ci ne peut céder son usufruit avant l'expiration de l'engagement de location. La cession de la nue-propriété, pendant la période de l'engagement de location, d'un logement détenu en pleine propriété, n'entraîne pas la remise en cause de l'avantage fiscal (BOFIP, 2025a).

- **Dispositif ouvert aux SCPI**

Bien qu'il n'en soit pas fait mention dans l'article 199 tricies, l'immeuble peut également être détenu par l'intermédiaire d'une SCPI. Les revenus tirés de sa location doivent être imposés entre les mains des associés dans la catégorie des revenus fonciers pour ouvrir droit au bénéfice de l'avantage fiscal (BOFIP, 2025a).

Sous-section 4 – Fonctionnement des SCPI fiscales et conséquences de la rupture des engagements

Nous examinons ces deux points.

a) Fonctionnement

Dans les SCPI « Denormandie ancien » et « Malraux », les statuts fixent généralement la durée de la société à une dizaine ou une quinzaine d'années à compter de son immatriculation, sauf prorogation ou dissolution anticipée.

Dans une première période, la société utilise le montant des souscriptions pour acquérir des immeubles et y effectuer des travaux d'amélioration, de transformation en logement ou de restauration immobilière. En conséquence, pendant cette période, la rentabilité locative est négligeable, voire nulle. L'associé ayant financé l'achat de ses parts par emprunt ne peut compter sur aucun revenu en provenance de la SCPI lors de ses premières échéances de remboursement. Néanmoins, le contribuable commence à bénéficier de la réduction d'impôt. À l'issue de cette première période, les biens sont loués pendant la période minimale de six ou neuf ans prévue par le dispositif (avec prorogation éventuelle) et procurent des revenus fonciers. À l'arrivée du terme statutaire, la société est dissoute. Elle procède à la revente de son patrimoine immobilier, dans le but de rembourser les associés de leurs apports et, si la vente s'effectue dans des conditions favorables, dégager un boni de liquidation qui sera partagé entre eux. Le prix de revente du patrimoine immobilier dépend de la situation du marché lors de la cession. Ainsi, la rentabilité de l'investissement ne peut être appréciée qu'à la fin des opérations de liquidation.

L'avantage fiscal résultant de la réduction d'impôt ne peut être transmis à un tiers, à l'exception du conjoint survivant lors d'une succession, de sorte que les possibilités de revente des parts sont réduites, à moins d'accepter une décote.

Dans les dispositifs « Denormandie ancien » et « Loc'Avantages », la réduction d'impôt n'est pas reportable sur l'année suivante. Comme il s'agit d'un élément important de la rentabilité de l'investissement, le contribuable doit calibrer le montant de son investissement en fonction du montant prévisionnel de son impôt pour les années à venir. Il doit aussi tenir compte, dans ces deux dispositifs, du plafonnement global des avantages fiscaux.

b) Rupture des engagements

Celle-ci a pour conséquence l'obligation de rembourser la totalité de la réduction d'impôt au Trésor public.

Toutefois, aucune reprise n'est effectuée en cas d'invalidité correspondant au classement dans la deuxième ou la troisième des catégories prévues à l'article L341-4 du Code de la sécurité sociale, de licenciement ou de décès du contribuable ou de l'un des membres du couple soumis à imposition commune.

Dans les dispositifs « Denormandie ancien » et « Malraux », aucune reprise n'est effectuée lorsque le démembrement de la propriété de l'immeuble ou des parts ou le transfert de propriété du bien résulte du décès de l'un des membres du couple soumis à imposition commune et que le conjoint survivant attributaire du bien ou titulaire de son usufruit s'engage à respecter les engagements résultant du dispositif pour la période restant à courir à la date du décès.

Sous-section 5 - Les anciens dispositifs

Ces dispositifs, auxquels il n'est plus possible de souscrire actuellement, continuent de produire leurs effets pour la durée restant à courir des engagements qui ont été pris.

- Le dispositif « Scellier » et ses successeurs, les dispositifs « Duflot » et « Pinel », permettent au contribuable de bénéficier d'une réduction d'impôt en contrepartie des engagements souscrits. Dans le dispositif Scellier, le contribuable pouvait en outre, sous conditions, bénéficier d'une déduction spécifique (c'est-à-dire d'une réduction du montant de ses revenus fonciers imposables).
- Dans les autres dispositifs, le revenu foncier imposable est réduit par application d'une déduction spécifique (dispositifs Cosse et Borloo ancien) ou d'un amortissement partiel du prix d'acquisition (dispositifs Robien classique, Robien recentré, Borloo neuf et Besson neuf).

CONCLUSION

Les foncières offrent la possibilité d'investir dans l'immobilier locatif (immeubles d'habitation ou de bureaux, murs de commerce, etc.) sans acheter soi-même un bien immobilier. L'achat d'un bien immobilier physique exige un effort financier important. En outre, le particulier se retrouve confronté directement au marché immobilier qui, comme l'ensemble de l'économie, est cyclique. L'achat de titres de foncières se révèle plus abordable. Il est possible de n'acquérir qu'un petit nombre d'actions ou de parts de chaque foncière, ce qui limite les montants investis et permet de diversifier ses placements. Les foncières sont gérées par des professionnels : la société de gestion dans les SCPI et les OPCI, l'équipe dirigeante dans les SIIC. Cela étant, ces deux modes d'investissement ne sont pas exclusifs l'un de l'autre.

Les foncières présentent de nombreuses spécificités. Le particulier désirant investir dans ce domaine doit s'interroger sur plusieurs points : choix du type d'entité (section 1), revenus potentiels (section 2), évolution de la valeur des titres (section 3). Du côté des entreprises, la réglementation applicable réduit leur autofinancement (section 4).

SECTION 1 – Le choix du type d'entité

Existe-t-il un type de foncière à privilégier car mieux adapté aux particuliers ?

Bien que leur activité principale soit identique, il est difficile de comparer les différentes sortes de foncières entre elles. Seules les SCPI se consacrent exclusivement à la location d'immeubles. Les OPCI peuvent détenir jusqu'à 35 % d'actifs non immobiliers. Les SIIC peuvent exercer des activités accessoires, telles que celles de marchand de biens, de commercialisation et de promotion immobilière. De même, bien qu'elles soient toutes exonérées d'IS sur leur activité de bailleur d'immeubles (ou se situent en dehors du champ d'application de cet impôt), les foncières sont soumises à des réglementations comptables et fiscales différentes, comme en témoigne l'existence de trois plans comptables différents et de trois statuts différents au regard des obligations de distribution (ou absence d'obligation en ce qui concerne les SCPI).

Les foncières se différencient également au regard du critère de liquidité. N'étant pas cotées, les parts sociales de SCPI ainsi que les parts ou actions d'OPCI sont peu liquides. Un OPCI peut au surplus insérer dans ses statuts ou son règlement des clauses particulières de suspension, plafonnement ou blocage des rachats. En revanche, les actions de SIIC, cotées en bourse, sont liquides.

Le segment du marché immobilier dans lequel opère la foncière est un élément important à prendre en considération. En effet, les foncières ne peuvent que refléter les performances de leur secteur, sans avoir la capacité de réorganiser rapidement leur patrimoine puisque celui-ci est composé principalement d'immeubles. Les SCPI sont soumises, en outre, à des règles limitant l'importance des cessions auxquelles elles peuvent procéder chaque année.

SECTION 2 – Les revenus potentiels

Les foncières bénéficient de règles fiscales et comptables, communes ou spécifiques à chaque type d'entité, qui améliorent leur résultat distribuable. Les détenteurs de parts ou d'actions reçoivent une très grande partie de ce résultat, compte tenu des obligations de distribution des OPCI et des SIIC et des distributions régulières auxquelles procèdent les SCPI de rendement de façon à ne pas pénaliser leurs associés, ceux-ci étant imposés sur l'ensemble des résultats réalisés par la société.

Ces distributions, qui restent subordonnées à la réalisation effective de bénéfices, constituent pour les foncières un élément d'attractivité important lorsqu'un contexte économique favorable leur permet de développer leurs activités.

Néanmoins, l'imposition n'est pas supprimée, elle est reportée sur les détenteurs de titres.

SECTION 3 – La valeur des titres

Quelle que soit l'entité choisie, le capital investi n'est pas garanti. L'investissement présente une espérance de gain, mais aussi un risque de perte en capital. La réalisation effective de plus-values lors du retrait de l'associé, du rachat ou de la revente des parts ou actions ne dépend pas uniquement des performances intrinsèques de l'entité ; la santé financière des foncières est subordonnée à l'évolution globale de l'économie et à celle du segment de marché immobilier sur lequel elles opèrent ; s'y ajoutent pour les OPCI, qui peuvent comporter jusqu'à 35 % d'actifs financiers, et pour les SIIC, dont les actions sont cotées, les fluctuations des marchés financiers et boursiers. Les pertes encourues par l'investisseur peuvent représenter la totalité de son apport (deux fois son apport dans certaines SCPI).

SECTION 4 – Une réglementation qui réduit l'autofinancement des entreprises

N'amortissant pas leurs immeubles de placement, SCPI et OPCI sont privés d'une charge non décaissable qui, en réduisant leur résultat distribuable, améliorerait leur trésorerie. Par ailleurs, l'exonération d'impôt sur les sociétés, dont bénéficient les OPCI et les SIIC, améliore leur résultat, mais non leur trésorerie du fait de leurs obligations de distribution. Ces règles favorables aux investisseurs, en maximisant les montants distribués, réduisent l'autofinancement des foncières, et les conduisent à recourir plus largement aux augmentations de capital ou aux emprunts bancaires.

BIBLIOGRAPHIE

AMF (RG AMF). Autorité des Marchés Financiers – Règlement général – homologué par arrêté du 12 novembre 2004 – modifié

AMF (2011). Instruction AMF, DOC-2011-23, du 21 décembre 2011, modifiée le 28 mars 2024 – Procédures d'agrément, établissement d'un DIC [document d'informations clés] et/ou, le cas échéant, d'un DICI [document d'information clé pour l'investisseur] et/ou d'un prospectus et information périodique des OPCI et organismes professionnels de placement collectif immobilier

AMF (2019). Instruction AMF, DOC-2019-04, du 13 mars 2019, modifiée le 5 mars 2021 – Sociétés civiles de placement immobilier, sociétés d'épargne forestière et groupements forestiers d'investissement

AMF (2021). Position-recommandation du 8 janvier 2021 – Guide d'élaboration des documents d'enregistrement universels

AMF (2023). Position-recommandation du 28 juillet 2023 – Guide de l'information périodique des sociétés cotées

ANC (2014). Autorité des Normes Comptables – Règlement n° 2014-03 du 5 juin 2014 relatif au plan comptable général (PCG), modifié par le règlement n° 2022-06 du 4 novembre 2022

ANC (2016). Règlement n° 2016-03 du 15 avril 2016 relatif aux règles comptables applicables aux sociétés civiles de placement immobilier (SCPI)

ANC (2020a). Recommandation n°2020-01 du 6 mars 2020 relative au format des comptes consolidés des entreprises établis selon les normes comptables internationales (hors établissements du secteur bancaire et organismes d'assurance)

ANC (2020b). Règlement n°2020-01 du 9 octobre 2020 relatif aux comptes consolidés, modifié par le règlement n°2023-02 du 7 juillet 2023 et le règlement n°2023-05 du 10 novembre 2023

ANC (2020c). Règlement n° 2020-07 du 4 décembre 2020 relatif aux comptes annuels des organismes de placement collectif à capital variable, modifié par le règlement n°2022-03 du 3 juin 2022

ANC (2021). Règlement n° 2021-09 du 5 novembre 2021 relatif aux comptes annuels des organismes de placement collectif immobilier (OPCI)

ANC (2022). Règlement n° 2022-06 du 4 novembre 2022 modifiant le règlement n° 2014-03 relatif au plan comptable général (PCG)

ASPIM (2023). Association française des sociétés de placement immobilier – *Modalités de calcul et de publication des données financières par les sociétés civiles de placement immobilier (SCPI)* – février 2023

BOFIP (2012a). Bulletin Officiel des Finances Publiques–Impôts – *RFPI (revenus fonciers et profits du patrimoine immobilier) – Plus-value immobilière – Détermination de la plus-value brute – Définition du prix d'acquisition* – 12 septembre 2012

BOFIP (2012b). *Revenus fonciers – Charges déductibles – Définition des dépenses de travaux* – 19 novembre 2012

BOFIP (2013). *RFPI – Plus-values immobilières – Détermination de la plus-value brute – majoration du prix d'acquisition* – 20 décembre 2013

BOFIP (2014). *RFPI – Plus-values immobilières – Exonération liée au montant des cessions* – 14 avril 2014

BOFIP (2016a). *RFPI – Plus-values de cession de titres de sociétés à prépondérance immobilière – champ d'application – titres concernés* – 6 juillet 2016

BOFIP (2016b). *BIC – Base d'imposition – Définition du bénéfice imposable en cas de distribution par un FPI de revenus issus d'une activité de location meublée* – 6 juillet 2016

BOFIP (2017a). *RFPI – Revenus fonciers – Modalités d'imputation des déficits fonciers* – 1er septembre 2017

BOFIP (2017b). *IR – Réduction d'impôt accordée au titre des dépenses de restauration immobilière effectuées dans les sites patrimoniaux remarquables et les quartiers relevant de la politique de la ville – Dispositif « Malraux » - Conditions d'application de la réduction d'impôt* – 5 septembre 2017

BOFIP (2019). *IS – Champ d'application et territorialité – Exonérations – Sociétés d'investissements immobiliers cotées (SIIC) – Détermination des résultats* – 27 mars 2019

BOFIP (2020a). *IS – Champ d'application et territorialité – Exonérations – Sociétés d'investissements immobiliers cotées (SIIC) – Statut juridique – 1er juillet 2020*

BOFIP (2020b). *Revenus fonciers et profits du patrimoine immobilier (RFPI) - Revenus fonciers – Champ d'application – Personnes concernées – Sociétés* – 12 août 2020

BOFIP (2021). *IS – Champ d'application et territorialité – Exonérations – Sociétés immobilières d'investissements cotées (SIIC) – Régime des distributions* – 3 mars 2021

BOFIP (2023a). *IR – Liquidation – Corrections affectant le montant de l'impôt brut – Plafonnement global de certains avantages fiscaux – Champ d'application* – 14 juin 2023

BOFIP (2023b). *RFPI – Plus-values de cession de titres de sociétés à prépondérance immobilière – Détermination de la plus-value imposable* – 18 juillet 2023

BOFIP (2025a, b et c). *IR – Réduction d'impôt sur le revenu en faveur des propriétaires bailleurs dont le logement est donné en location dans le cadre d'un conventionnement ANAH (Dispositif « Loc'Avantages »)* – 6 mars 2025
– (BOFIP, 2025a). *Champ d'application*
– (BOFIP, 2025b). *Conditions d'application – Conditions de mise en location*

– (BOFIP, 2025c). *Modalités d'application*

BOFIP (2025d). *RPPM (revenus et profits du patrimoine mobilier) – Plus-values sur biens meubles incorporels – Base d'imposition – Calcul du gain net de cession – Prise en compte des moins-values* – 10 avril 2025

CNC (1998). Conseil national de la comptabilité – Avis n° 98-06 adoptant le Plan comptable applicable aux sociétés civiles de placement immobilier (SCPI) – 23 juin 1998 (cette version du plan comptable des SCPI est aujourd'hui caduque)

Conseil d'État – Décision n° 133296 – 16 février 2000 – ÉTABLISSEMENTS QUEMENER

Conseil d'État – Décision n° 178106 – 20 octobre 2000

Conseil d'État – Décision n° 311338 – 3 mai 2011

Conseil d'État – Décision n° 389990 – 8 novembre 2017

Frassa, C-A. (2019, 10 janvier). *Réponse du ministre de l'action et des comptes publics à la question écrite n°1409 du 28 septembre 2017 de M. Christophe-André Frassa, publiée au journal officiel du Sénat, débats parlementaires, du 10 janvier 2019.*

Normes IAS/IFRS. IAS 1 *Présentation des états financiers* ; IFRS 10 *États financiers consolidés* ; IFRS 11 *Partenariats* ; IAS 28 *Participations dans des entreprises associées et des joint-ventures* ; IAS 40 *Immeubles de placement*

Roussel, C. (2019, 1er mars). *Amendement présenté à l'Assemblée nationale – n° 619 – Croissance et transformation des entreprises*

Tribunal administratif de Paris, 2ème chambre – Décision n°2219466 –10 février 2025

UE (2014). Règlement (UE) n° 596/2014 du Parlement européen et du Conseil du 16 avril 2014 sur les abus de marché

UE (2017). Règlement (UE) 2017/1129 du Parlement européen et du Conseil du 14 juin 2017 concernant le prospectus à publier en cas d'offre au public de valeurs mobilières ou en vue de l'admission de valeurs mobilières à la négociation sur un marché réglementé

UE (2019). Règlement délégué (UE) 2019/980 de la Commission du 14 mars 2019 complétant le règlement (UE) 2017/1129 du Parlement européen et du Conseil en ce qui concerne la forme, le contenu, l'examen et l'approbation du prospectus à publier en cas d'offre au public de valeurs mobilières ou en vue de l'admission de valeurs mobilières à la négociation sur un marché réglementé

TABLE DES MATIÈRES

Revue « Marché et Organisations »

Promouvoir la recherche originale sur les relations de plus en plus étroites entre le marché et les organisations. Les acteurs économiques de taille, de puissance et de pouvoir différents dont les intérêts peuvent être convergents, complémentaires ou, le plus souvent, antagoniques, ont tendance à organiser les marchés. La raison du marché, pourtant, est la référence stratégique pour l'entreprise ainsi que pour les institutions publiques de décision économique.

N°6 : Entrepreneuriat et accompagnement. Outils, actions et paradigmes nouveaux, 2008
N°7 : Développement durable des territoires. Economie sociale, environnement et innovations, 2008
N°8 : Développement durable et responsabilité sociale des acteurs, 2009
N°9 : Gouvernance : exercices de pouvoir, 2009
N°10 : Le travail collaboratif. Une innovation générique, 2009
N°11 : Economie sociale et solidaire. Nouvelles trajectoires d'innovations, 2010
N°12 : Relations à la marque et marques de la relation. Regards croisés sur le management relationnel de la marque, 2010
N°13 : Les contrats au service de la recherche ?, 2011
N°14 : Le potentiel économique de l'Afrique subsaharienne, 2011
N°15 : Management de la distribution, 2012
N°16 : Territoire Vert. Entreprises, Institutions, Innovations, 2012
N°17 : Eco-conception, conception et innovation. Les nouveaux défis de l'entreprise, 2013
N°18 : Intelligence économique : entreprises et territoires, 2013
N°19 : La finance globale. Un monde fini, 2013
N°20 : La crise du « développement », 2014
N°21 : La Chine innove. Politiques publiques et stratégies d'entreprise, 2014
N°22 : Go East! Nouvelles Economies de Marché, 2015
N°23 : L'économie du changement, 2015
N°24 : Le temps des artisans. Permanences et mutations, 2015
N°25 : Innovations de proximité et esprit d'entreprise, 2016
N°26 : L'avenir des économies du Maghreb : entre inertie structurelle et envie de rupture, 2016/3 (n° 27)
N°27 : Le sport aux frontières du marché du travail, 2016
N°28 : Dynamiques internationales des entreprises, 2017
N°29 : L'univers du risque, 2017
N°30 : Les petites entreprises dans l'histoire industrielle, 2017
N°31 : Economie sociale et *social business* ? Au défi d'entreprendre et se financer, 2018
N°32 : Éducation et fertilisation des économies africaines, 2018
N°33 : L'entrepreneuriat innovant dans les pays du Maghreb, 2018
N°34 : L'entrepreneuriat scientifique : institutions et innovation, 2019
N°35 : Le champ économique de la culture, 2019
N°36 : Economie sociale et solidaire ? Modèles d'innovation et modes de gouvernance, 2019
N°37 : Rethinking Luxury Business, 2020
N°38 : La santé connectée. Nouvelles technologies et réorganisation des soins, 2020
N°39 : Options stratégiques et systèmes complexes d'innovation, 2020
N°40 : Les services : intégration des systèmes productifs et lien social, 2021
N°41 : Crise pandémique, crise globale. Réalité et controverses théoriques, 2021
N°42 : La crise de la covid-19. Le marché et les organisations en perspective, 2021
N°43 : (Re)faire système. *Bug & reset*, 2022
N°44 : Aléas du marché et management du risque, 2022
N°45 : Le renouveau du transport et de la logistique : les systèmes d'information, 2022
N°46 : Entrepreneuriat et innovation dans l'enseignement supérieur, 2023
N°47 : Le tourisme créatif. Culture, créativité, patrimoine, management, 2023
N°48 : L'Afrique : questions de performances, 2023
N°49 : *Fintech* en sciences du management, 2024

https://www.cairn.info/revue-marche-et-organisations.htm

Collection « L'esprit économique »
fondée par Sophie Boutillier et Dimitri Uzunidis en 1996

Dernières parutions

► ***Série Economie et Innovation***
Y. EL YAHYAOUI, *Economie des plateformes numériques. Captation de la valeur, pouvoir de marché et communs collaboratifs*, 2021.
G. DUTHIL, *Handicap et insertion professionnelle*, 2022.
T. MICHAUD, *La science-fiction institutionnelle*, 2023.
M. TOMAS, *Gouvernance territoriale et développement économique au Maroc : l'opportunité d'une étude économétrique*, 2025.
► ***Série Le Monde en Question***
O. MUMBERE MUHONGYA, *Efficacité de l'aide publique au développement. Question de la qualité des données*, 2024.
M. CAMARA, *Être ministre de l'Économie et des Finances de la République de Guinée*, 2024.
R. A. OBAM NLONG, *Du franc CFA à l'Afrix : la nécessaire refonte du Fonds Monétaire Africain*, 2024.
A. N. BASAHAG, *La réforme budgétaire dans les États de la Communauté économique et monétaire d'Afrique centrale (CEMAC)*, 2025.
A. OUCHEN, *Analyse des crises financières de grande ampleur : étude économétrique de contagion*, 2025.
O. S. AWAL, *Dette publique et développement au Cameroun : outils, stratégies et souveraineté économique*, 2025.
M.-C. DJIENA WEMBOU, E. B. AKONO, *Réformes économiques et financières en Afrique centrale : bilan et perspectives*, 2025.
E. FAKABA SISSOKO, *L'État, le marché et la fragilité : dynamiques croisées de l'investissement public et privé dans l'Alliance des États du Sahel (AES)*, 2025.
► ***Série Krisis***
M. WIELEZYNSKI, *La loi du marché post-esclavagiste. Une approche critique*, 2023.
G. MINART, *Condorcet économiste : un libéralisme économique au service du bien public*, 2023.
A. MANRAY, *Petit traité de gouvernance à l'usage des despotes éclairés*, 2024.
B. LANDAIS, *Théorie générale de la croissance économique et du développement*, 2024.
V. SOYER, *Critique de la théorie contemporaine de la valeur*, 2024.
► ***Série Clichés***
S. BOUTILLIER, D. UZUNIDIS (dir.), *La Russie européenne. Du passé composé au futur antérieur*, 2008.
R. VOLPI, *La négociation. Pain, paix, liberté*, 2009.
B. S. BONBON, *Géométrie parabolique tridimensionnelle ou perspective parabolique*, 2023.
S. BOUTILLIER, B. LAPERCHE, S. T. K. LE, *Ports industriels en transition : De l'économie circulaire à la décarbonation*, 2024.
► ***Série Cours Principaux***
Z. FIRANO, *Fondements de la finance de marché. Théories et applications*, 2022.
Y. KEHO, *Introduction à l'économétrie appliquée sous EVIEWS, Rappels de cours et illustrations pratiques*, 2023.
K. AMZILE, *Intelligence artificielle et modélisation du risque de crédit*, 2023.
B. LANDAIS, *Macroéconomie. Les fondamentaux*, 2024.
A. KATFI, O. EL MNOUER (dir.), *Mathématiques financières. Cours d'initiation et exercices corrigés*, 2024.
J. NGONGO NGOY, *Manuel d'analyse financière*, 2024.
H. GUENICHI, *Analyse avancée de données de panel : aperçu du cadre théorique et applications avec Stata et R*, 2025.
► ***Série L'économie formelle***
J.-P. ROSELLO, *Marchés financiers, capital financier et crises systémiques*, 2024.
J.-L. VILLOUTREIX, *L'eau coule à Aguad : un conte économique*, 2024.
B. MEUNIER, *L'insoutenable dette publique de la France*, 2024.
J. LATREILLE, *Le PIB, ou la mesure de notre démesure*, 2024.
C. MEIDINGER, *Controverses macroéconomiques contemporaines*, 2024.
J.-M. RUFFIE, *La loi de l'offre et du besoin : décrocher de la demande*, 2025.

Structures éditoriales du groupe L'Harmattan

L'Harmattan Italie
Via degli Artisti, 15
10124 Torino
harmattan.italia@gmail.com

L'Harmattan Hongrie
Kossuth l. u. 14-16.
1053 Budapest
harmattan@harmattan.hu

L'Harmattan Sénégal
10 VDN SICAP AMITIE 3
BP 45034 Dakar-Fann
direction@senharmattan.com

L'Harmattan Cameroun
Tsinga/Derrière polyclinique FECAFOOT
BP 11486 Yaoundé
Jacques.koukam@harmattan.fr

L'Harmattan Burkina Faso
Villa 281, secteur 23 623, rue 14.32
Ouagadougou
zagbie@outlook.fr

L'Harmattan Guinée
Almamya, rue KA 028 OKB Agency
BP 3470 Conakry
harmattanguinee@yahoo.fr

L'Harmattan RDC
185, avenue Nyangwe
Commune de Lingwala – Kinshasa
matangilamusadila@yahoo.fr

L'Harmattan Congo
219, avenue Nelson Mandela
BP 2874 Brazzaville
deunovmikhael@gmail.com

L'Harmattan Mali
Immeuble Mgr Jean Marie Cissé
Aci Hamadallaye
BP 145 Bamako
syllaka@yahoo.fr

L'Harmattan Togo
Djidjole – Maison Amela
face EPP BATOME
02 BP 20680 Lomé
didieramela11@gmail.com

L'Harmattan Côte d'Ivoire
Résidence Karl – Cité des Arts
Abidjan-Cocody
03 BP 1588 Abidjan
harmattan.ivoire@gmail.com

L'Harmattan Bénin
Rue 604, (Immeuble à l'entrée
de la rue UCAO- Cite de Saint-Jean)
Cotonou
stepcorpus@gmail.com

Nos librairies en France

Librairie internationale
16, rue des Écoles
75005 Paris
librairie.internationale@harmattan.fr
01 40 46 79 11
www.librairieharmattan.com

Librairie des savoirs
21, rue des Écoles
75005 Paris
librairie.sh@harmattan.fr
01 46 34 13 71
www.librairieharmattansh.com